안전이 묻고
심리학이 답하다

심리학이 전하는 안전 통찰

SAFETY

안전이 묻고
심리학이 답하다

PSYCHOLOGY

문광수 · 이종현 지음

좋은땅

지은이

문광수
중앙대학교 심리학과 조교수 / Ph. D.

(現) 안전 저널 기고 위원
한국건강심리학회 특임이사
한국시스템안전학회 이사
(前) 한국원자력 연구원 선임연구원
중앙대학교 BK21+ 팀 연구교수

심리학 중 '산업 및 조직 심리학'을 전공하였다. 산업 및 조직 심리학은 유럽에서는 직업 심리학으로 불리며, 조직 구성원들이 어떻게 하면 더 건강하고, 안전하며 행복하게 일할 수 있을지 연구하는 심리학 분야이다.

저역서로는 『직무수행관리: 조직의 효율성을 이끌어 내는 행동 변화』, 『산업 및 조직 심리학: 직장 그리고 일에 대한 이해』, 『설득 커뮤니케이션』, 『행동과학을 위한 통계의 핵심』, 『용어로 읽는 심리학』, 『안전 문화 향상을 위한 행동 기반 안전관리 매뉴얼』이 있으며, 선진 안전문화 구축을 위해 2012년부터 기업 안전문화 진단과 관련 각종 연구 및 프로젝트와 강의를 수행해 오고 있다.

이종현
㈜세이프티온솔루션 대표이사 / 기술사

중앙대학교 심리서비스대학원
안전리더십코칭 전공 / 심리학 석사
육군3사관학교 37기 졸업/임관

(現) 한국표준협회 안전혁신센터 전문위원

한국토지주택공사 안전자문위원

(前) 헌정안전주식회사 부설연구소 / 소장

(재)건설기술교육원 HSE교육

현대엔지니어링 / 우미건설 HSE관리

Safety Innovation for a Better Life라는 경영이념하에 위험을 시각화하
는 각종 솔루션을 제공해 오고 있으며, 특히 안전체계 / 안전평가 / IT
기반 솔루션 등의 사업영역에서 차별화된 콘텐츠와 노하우를 담아 각
종 공공기관과 기업을 안전하게 만드는 데에 기여하고 있다.

안전과 심리의 만남

2005년 어느 날 전방 포병대대 본부포대장으로 근무할 때였다. 대대 전술훈련을 마치고 복귀하여 장비 및 물자를 하역하던 중 수송부 운전병이 하차 후 급하게 이동하다 차량 문에 부딪혀 머리를 다쳤다. 다행히 큰 부상은 아니었고, 의무대에서 간단히 치료를 받게 할 수 있었다. 부대복귀 신고를 하면서 해당 사항을 대대장님께 보고하였는데, 눈물 쏙 빠지도록 혼이 났던 기억이 아직도 생생하다. 평소에 잘못한 부분이 있어도 크게 혼내시지 않고 앞으로 잘하는 방법에 대해 부드럽게 말씀하셨던 대대장님은, 부하들이 다치는 부분에 있어서만큼은 매우 엄격하셨다. 그러한 진심 어린 지휘 철학이 존경스러웠다. 당시 대대장님의 영향으로, 사람의 인명이 달린 '안전'을 중요시하는 마인드를 가질 수 있었다. 그 후 2년간 전투 포대를 이끌면서 무사고 부대로 임무를 마치게 되었고, 당시의 경험은 지금의 직업인 안전 분야로 뛰어든 중요한 계기가 되었다.

남들보다 긴 군복무를 마치고 서른한 살 늦은 나이에 건설회사 안전관리자로 근무를 시작한 뒤로, 어떻게 하면 더 안전할 수 있을까를 늘 고민했다. 현장에 가 보니, 관리자는 공도구의 특성도 제대로 모르는 채로 점검필 스티커를 붙였고, 현장 인원들은 그렇게 안전한 공도구로 둔갑한 위험한 공도구들을 인지하지 못한 채 작업하고 있었다. 저 스티커만 붙으면 과연 안전한 것일까? 어떤 날에는 아파트 건설현장 지하주차장 거푸집 동바리(지지대)를 설치하는데, 그 간격이 모두 달랐다. 원인을 추적해 보니, 동바리 설치 지점이 단순히 경험 많은 목수반장님의 '못 박는 위치'로 결정되고 있었다. 구조를 계산하고 그대로 정확히 시공을 해야 하는데, 기술적인 부분들이 관리되지 않고 있었다. 이와 같은 일련의 경험들로 안전관리자는 기술이 있어야 한다고 생각하게 되었다. 그래서 공부했다. 그 시작점에는 나의 안전 멘토이자 존경하는 선배인 김상호 기술사(현, 헌정안전주식회사 대표이사)가 있었다. 안전기술사를 취득하는 데에 많은 지도와 격려를 해 주셨을 뿐만 아니라, 안전에 더욱 종합적이고 폭넓게 접근할 수 있는 식견을 주셨다. 안전에 대한 기술적 접근뿐만 아니라, 시스템적 접근 그리고 더 나아가 문화로서의 정착에 대한 부분까지 고민할 수 있었다. 안전에 대한 고민의 깊이가 깊어지고 공부를 하면 할수록 결론은 한 곳으로 달려가고 있었다. 바로 사람이다. 안전은 결국 사람의 문제이고, 사람을 연구하는 학문인 심리학은 안전 문제에 접근할 수 있는 최적의 학문이었다. 나는 지금도 확신하고 있다. 안전의 시작은 사람이며, 끝 또한 사람이다.

그 시작의 일부분을 말씀드리고자 한다.

안전 분야에서 초미의 관심사인 '중대재해 처벌 등에 관한 법률'이 시행되었다. 이 법률에 대해 말들이 많지만 결국 목적은 하나일 것이다. '안전한 사회 이룩'이다.

법규를 지키는 것은 당연한 일이며, 이에 대해서는 논쟁의 여지가 없다. 그러나 법규 준수의 목적이 안전 달성이 아니라 처벌 면하기로 변질되지 않도록 경계해야 한다. 일선 현장을 보면 법규 이행의 근거를 위한 서류업무에 시달리는 경우가 상당히 많다. 안전 법규는 '안전한' 작업환경을 만들기 위해 만들어졌으나, 과도한 서류 업무 때문에 의도치 않게 '불안전'한 결과로 이어질 수 있음이다.

2021년 1월 26일부터 시행되고 있는 개정된 산업안전보건법부터 2022년 1월 27일 시행된 '중대재해 처벌 등에 관한 법률'까지 다양한 제도적 장치가 마련되고 있다. 공공기관과 기업, 각 사업장 및 현장에서는 안전을 지키기 위해 다양한 노력을 기울이고 있으며, 이러한 노력은 실효성 있게 발현되고 사고감소 등의 성과로 이어져야 할 것이다.

안전 확보를 최우선에 두고 힘쓰되 처벌을 면하려는 목적으로 전도되는 일은 없어야 할 것이며, 그런 탓에 안전 법규를 준수하는 방식은 기존과는 다른 접근법이 필요하다고 본다. 바로 이 책에서 소개하고자 하는 안전에 대한 심리학적 접근법이다. 이는 이미 선진국에서 효과성이 검증되었고 널리 활용되고 있다.

우리가 당면한 안전 법규를 준수하는 데 있어 심리학적 요소를 잘 녹여 낸다면 모두가 원하는 안전한 사회 이룩에 조금 더 다가갈 것이라고 확신한다. 이 책에는 단순해 보이지만 그동안의 고정된 패턴을 새롭게 바라볼 수 있는 인사이트가 있다. 나 또한 심리 대학원에서 수학하며,

무릎을 '탁'하고 쳤던 기억이 선하다.

와~ 나는 왜 이렇게 생각하지 못했을까? 정말 간단한 개념인데 이렇게 파워풀하다니… 바로 적용해 봐야지 했었다. 컨설팅에 참석하시는 임원, 관계자분들이 좋은 시간이었고 많이 배웠다고 이야기해 주실 때마다, 늘 보람 있고 안전과 심리학에 대한 확신이 생기곤 했다. 이 책을 읽는 당신에게도 같은 기쁨이 오기를 기대한다.

이 책은 간단한 심리학적 원리와 이를 사업장 및 현장 안전에 쉽게 적용하는 방법을 설명하고 있다. 실효성이 검증된 이론과 사례들을 쉽게 이해하도록 세부 챕터를 구성하였고, 현업에 바로 적용 가능한 개발 도구 등을 포함하였다.

끝으로 안전에 대한 인사이트를 주시고 나의 부족한 글을 함께 소개할 기회를 주신 나의 스승, 문광수 교수님께 감사 말씀을 드린다. 때로는 깊고 때로는 넓게 바라볼 수 있도록 이정표를 제시해 주시는 나의 멘토이자 롤 모델인 김상호 대표님께도 이 글을 빌어 진심으로 감사드린다는 말씀 전하고 싶다. 그리고, 이 투박한 글들이 부드러움을 가질 수 있도록 도와주고 나태해지는 나를 늘 채찍질해 주는 친우이자 든든한 동료인 이혜정 상무님께도 깊은 감사의 마음을 전한다.

안전관리 = 인간 본성과의 싸움

고용노동부(2020)의 산업재해 현황분석에 따르면 4일 이상 요양이 필요한 재해자는 연간 10만 9천 명이고, 그중 사망자는 2,020명, 부상자는 약 9만 3천 명이다. 단순히 시간으로 계산해도 약 4시간에 한 명씩 사망하고, 5분에 한 명씩 재해를 경험하고 있다. 이로 인한 직접 손실액은 연간 약 5조 5,294억 원이며, 직·간접 손실을 포함한 경제적 손실 추정액은 27조 6,468억 원에 달한다. 이러한 직·간접 손실액은 공식적으로 보고된 재해자만을 대상으로 한 것이며, "하인리히(Heinrich)의 직·간접 손실 비율 1:4"를 적용해 계산한 것이다. 실제 손실은 이러한 기존의 계산보다 크다. 사고가 발생하면 의료 비용과 보상 비용 외에도, 건물/장비/제품 손실, 작업 중지로 인한 생산성 손실, 직원 선발 및 교육 훈련 비용, 동료의 중대재해를 경험한 직원들의 근로 의욕 저하, 외상 후 스트레스 장애와 같은 심리적 문제, 기업의 대외 이미지 실추 등 다양한 손실이 발생한다.

그뿐만이 아니다. 사망이나 장애와 같은 중대재해를 경험한 근로자들의 가족들도 약물 중독, 우울증과 같은 심리적 문제와 가족 붕괴를 경험하여 사회적 손실 비용이 추가로 발생한다. 우리나라처럼 산업 재해율이 높은 경우 국가 이미지에도 부정적인 영향을 미친다. 이와 같은 간접 손실을 포함해 실제로 발생하는 손실과 비용을 계산하면, 앞선 수치보다 훨씬 크다. 이와 관련하여 '숨겨진 비용 빙산'의 원리를 제안한 버드(Bird)라는 학자는 발생하는 직접비용과 간접비용의 비율이 1:6에서 크게는 1:53까지 달할 수 있다고 주장하였는데, 1:53의 비율로 계산한다면 전체 연간 손실액은 298조 5,876억이다. 우리나라 최대 기업인 삼성전자의 2020년 매출액이 236조 원이라는 것을 생각해 보면 어마어마한 손실이다. 이렇듯 산업재해는 근로자 개인뿐만 아니라 가족, 기업, 국가에도 큰 피해를 준다.

산업재해 예방을 위해 '중대재해 처벌 등에 관한 법률'이 2022년 1월 27일 시행되었다. 하지만 법적 처벌만으로는 산업재해를 충분히 예방하기 어렵다. 따라서, 경영계, 노동계, 학계 등에서도 산업재해 예방을 위한 추가적인 노력이 필요하며, 더욱 효과적인 재해 감소 방안이 마련될 필요가 있다.

안전은 다양한 학문 분야의 연구영역에 걸친 학제적(interdisciplinary) 접근법이 필요한 분야이다. 심리학은 인간의 행동과 정신과정을 연구하는 학문으로, 여러 학문과 함께 안전에 도움을 제공할 수 있다. 큰 틀에서 안전은 사람의 안전을 이야기하며, 안전의 확보와 유지를 위해 인적 요인에 대한 고려가 필수적임을 고려한다면 안전 문제에 대한 심리학적 접근은 필연적이다. 이와 관련하여 하인리히(Heinrich)는 저서

Industrial Accident Prevention에서 심리학이 재해 예방에 중요한 기초에 해당하며 안전 문제 해결의 필수적인 수단이라고 하였다. 한편, 심리학에서는 안전관리를 인간 본성과의 싸움으로 보고 있다. 이는 근로자들이 자발적이고 능동적으로 안전행동을 하도록 하는 것이 그만큼 어렵다는 것을 의미한다. 현재 다수의 기업이 근로자들의 안전한 작업과 기업 안전 문화 구축을 위해 노력하나, 많은 어려움이 있는 것이 현실이다.

이에 저자들은 기업의 안전관리에 도움이 될 수 있는 전략과 원리를 심리학적인 관점에서 기술하였다. 주요 내용은 안전에 대한 심리학적 관점, 근로자들의 불안전 행동에 대한 심리학적 원인과 적절한 안전관리 방식, 현장에서 중요한 안전소통, 안전리더십, 안전코칭으로 이루어져 있다. 해당 내용은 안전저널(www.anjunj.com)에 4년 동안 기고한 '문광수의 마음 돌보기', '안전 기술지'의 칼럼을 정리, 수정, 추가, 보완하여 작성하였다.

본 글은 인간에 대한 이해를 바탕으로 적합한 안전관리 체계를 수립하고 실행하는 데 도움을 제공할 수 있을 것이다. 특히 안전보건 담당 임원과 직원들 그리고 현장 관리자들의 안전관리에 실질적인 도움이 될 수 있을 것이다.

마지막으로 본 책이 출판될 수 있게 해 주신 ㈜좋은땅의 대표님과 관계자분들, 책 출판을 함께해 주시고 많은 도움을 주신 이종헌 대표님, 이 책을 여러 번 읽고 좋은 글이 될 수 있도록 많은 검토를 해 준 오상미 연구원 그리고 늘 끊임없는 지지와 성원을 보내주는 가족들에게 감사의 마음을 전하고 싶다.

목차

4장 행동과학, 안전은 과학입니다

5장 부정적 방식의 안전관리, 게임을 못 하게 하면 공부를 할까?

6장 심리학으로 마음을 사로잡는 안전 표지판 만들기

7장 안전 관찰, 관리하기 위해서는 측정이 필요하다

8장 올바른 안전소통 방법, 커뮤니케이션과 피드백의 활용

9장 스트레스, 사고를 예측하는 지표가 될 수 있을까?

10장 안전 리더십의 기본, 현장에서의 리더십이 어려운 당신에게

11장 안전 코칭, 현장 구성원들을 변화에 참여시키는 비결

12장 간단하지만 효과적인 안전 프로그램에는 원칙이 있다

부록 안전 프로그램, 현업에 적용해 보기

1장

안전 패러다임,
새로운 접근이 필요하다

안전관리, 변화가 필요하다

안전관리 변화의 방향

안전관리는 실패 회피 방식이 아닌
성취하는 방식으로 변화해 가야 함
[줄이는 것, 없애는 것] 의 가치 빼기가 아니라
[향상되는 것, 좋아지는 것] 의 가치 더하기가 중심에 있어야 함

기업의 안전 문화 달성을 위해서는 경영진과 임원진의 지지도 필요하지만(top-down, 하향식), 현장의 위험 요소가 어디 있는지, 상황은 어떠한지, 동료들은 안전하게 작업하고 있는지 등 실제 현장의 모습을

가장 잘 아는 근로자들을 포함한 '아래로부터의' 참여와 지지(bottom-up, 상향식)가 필수적이다. 사고는 경영진이나 임원에게 발생하지 않는다. 현장 근로자들이 사고의 당사자이다.

따라서 안전 문화 달성을 위해서는 안전관리 대상이 되는 작업자들이 안전관리 프로그램에 지속적으로 참여하고 몰입해야 한다. 작업자들 스스로 그 과정에 속한다는 느낌(안전관리 과정에 대한 주인 의식)이 들어야 안전 프로그램이 운영/유지되고 원하는 결과를 달성할 수 있다.

이를 위해서는 현장 근로자들이 안전 프로그램의 목적과 가치 그리고 원리를 이해할 수 있도록 기본적인 교육을 제공해야 하고 프로그램의 절차나 과정에 직원들의 의견이나 요구가 반영될 수 있도록 직접적인 직원 참여를 보장해야 한다. 결국, 직원들이 "위에서 지시하니까 따라야 하는 것"이 아닌 "직원들에게 이득이나 도움이 되는 것"으로 프로그램을 인식할 수 있어야 진정한 상향식 프로그램의 실행이 가능하다.

상향식 프로그램이 되기 위해서는 안전관리가 결과(outcome) 중심에서 지속적인 과정(process) 중심으로 변화해야 한다. 일반적으로 기업에서 관리하는 안전 관련 결과는 주로 사고빈도(incident frequency), 사고 비율(incident rate), 심각한 사고 비율(severe rate) 등에 초점을 맞추고 있다. 이러한 '결과'들은 예방과 거리가 멀다. 일이 벌어진 후에야 관리하는, 반응적인 방식으로 대부분 이어지고, 실패와 교훈만 반복되기 때문이다. 이렇게 결과를 강조하다 보면, 사고가 발생하지 않으면 안전하다고 인식하며, 별다른 안전 활동을 하지 않는 현상이 나타난다. 그러다가 사고가 발생하면 많은 활동이 동시에 진행된다. 사고

조사, 특별교육, 특별점검 같은 활동이 이루어지고 시간이 조금 지나면 해당 활동들은 다시 시들해진다.

이러한 결과 중심 접근법의 문제점은 조직 내에서 안전 향상을 위해 시간과 노력을 들이고자 할 때 이를 반영하기가 어렵다는 것이다. 사고는 일상적으로 발생하는 것이 아니기 때문에, 평소 진행되는 교육과 안전보건활동의 중요성은 간과되고, 사고가 없다는 것이 안전관리가 잘 되고 있다는 것을 의미하지도 않는다. 또한, 사고에 초점을 두면 조직 내에 부정적인 분위기를 조성하게 되고, 주로 책임자를 문책하거나, 인사고과에 불이익을 주는 등 부정적인 방식으로 조치가 이루어지게 된다. 이에 따라 사고를 숨기려는 경향이 증가하게 된다. 이러한 상황들이 지속되면 안전관리에 대한 부정적인 인식이 쌓이고, 관리자와 근로자들의 자발적 참여는 더욱 어려워진다. 심하면 안전관리에 대한 무기력에 빠지기도 한다.

대표적인 결과 중심 프로그램이 무재해 운동이었다. 정부 기관으로부터의 수상과 사업 참여를 위해 무재해는 어느새 '목표'가 되었고, 무재해를 달성하려고 산재를 은폐하는 부작용이 발생했다. 다행히, 2018년 정부의 무재해 운동이 폐기되면서 산재예방의 패러다임이 과정 지향적 방식으로 전환되었다. 무재해 운동은 산업재해에 대한 인식 수준이 낮던 산업화 시기에 재해의 위험성을 널리 알리고 재해 예방을 위한 경각심을 일깨웠다는 데 큰 의의가 있었다. 하지만 결과 중심의 방식이 부작용을 가지고 있음을 알고 사고 예방을 위한 과정 중심 전략으로 변화된 것은 바람직한 방향으로 평가할 수 있다.

그렇다면 결과가 아닌 지속적인 과정을 측정할 수 있는 지표에는 무엇이 있을까? 고용노동부는 사업주의 안전보건역량, 사업장 위험성 평가, 안전보건체계의 원활한 운영, 안전한 기계·기구의 사용 등을 제시하였다. 이와 더불어 사고의 주요 원인이 근로자들의 불안전 행동임을 고려했을 때, 근로자들의 안전행동 수준, 안전한 상태/조건, 그리고 이러한 안전/불안전 행동과 조건들을 어떻게 관리하는지에 대한 지표들을 관리할 필요가 있다.

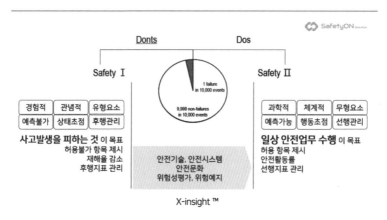

결과 중심 안전 관리 프로그램 vs. 과정 중심 안전 관리 프로그램 비교
안전 수준을 높이기 위해 안전 행동의 결과와 더불어 그 과정을 측정하는 선행지표를 관리해야 함

기존의 안전관리는 과정 중심이 아닌 성과(결과) 중심이었다. 성과 지표에는 재해율이나 사망자 수가 있는데, 이는 경영진이나 관리자들이 '줄여야 하는' 지표들이다. 많은 기업의 안전관리 계획에서 최종 달성 목표는 "무재해"로 설정되어 있을 것이다. 여기서 고민해 볼 사안은 무재해가 목표일 경우, 산업 재해는 부정적인 사건으로 인식되기 때문에, 재해나 사고가 발생하면 사람들은 안전관리의 실패를 경험하게 된

다. 결국 성과 중심의 안전관리는 이러한 실패를 경험하지 않기 위한 관리라고 할 수 있다.

이러한 부정적인 사건을 피하기 위한 노력은 긍정적인 결과를 성취하기 위한 노력보다 동기 부여가 어렵다. 사람들이 부정적인 사건을 피하려고 사용하는 방식은 대부분 부정적인 감정이 들게 하며, 처벌적인 방식이 많다. 예를 들어, 불안전한 상태나 행동이 나타나면 질책, 비난, 경고, 주의/확인, 벌금 등의 방식을 사용한다.

그렇다면 이러한 처벌적 방식이 효과가 있는가? 기억나는 일화가 있다. 지방의 건설 현장이었다. 첫 방문 당시 책임자께서는 안전관리가 매우 잘 되고 있고, 직원들이 개인 보호 장비나 안전 규정을 잘 지키고 있다고 말씀하셨다. 특별히 진행하고 있는 안전 프로그램이 있는지 여쭈어보니, 개인 보호 장비를 착용하지 않으면 벌금을 부과하는 "벌금 제도"를 운영하고 계셨다. 사무실과 현장은 멀리 떨어져 있었고, 함께 책임자의 차를 타고 현장에 가 보았다. 실제로, 직원들은 개인 보호 장비를 잘 착용하고 있었고 작업도 순조롭게 이뤄지고 있었다. 그러나 이후, 책임자의 차 대신 개인 차량으로 현장을 방문하니, 전혀 다른 모습의 현장을 볼 수 있었다. 개인 보호 장비를 잘 착용하지도 않았고, 작업장도 혼란스러웠다. 알고 보니, 책임자가 오는 시간은 대략 정해져 있었고, 작업장의 한 직원이 멀리서 책임자의 차가 오는지 확인하면서 작업하고 있던 것이었다. 벌금을 피하려고 책임자가 올 때만 안전하게 행동했던 것이다. 중·고등학교 시절 자율학습 시간이면 주임 선생님이 오실 때를 맞추어 공부하다가 가시면 딴짓을 했던 것과 같은 맥락이다.

안전관리는 실패를 피하는 방식이 아닌 성취를 하는 방식으로 변화되어야 한다. "줄이는 것, 없애는 것"의 가치(-)가 아니라 생산성, 품질과 같이 "향상되는 것, 좋아지는 것"의 가치(+)가 중심이 되어야 한다. 안전은 "처벌을 피하려면 해야 하는 것, 따라야만 하는 것, 시키니까 하는 것"이 아닌 "나에게 이익이 되는 것, 도움이 되는 것, 모두에게 좋은 것"이 되어야 한다. 이러한 성취 중심의 관리를 위해서는 안전관리의 목표가 바뀌어야 한다. 안전 지표는 줄여야 하는 재해가 아니라, 늘려야 하는 "근로자들의 안전 관찰 참여 비율", "근로자들의 안전 행동 비율", "근로자들의 안전 개선 의견 건수 & 실제 개선 건수" 등으로 변화되어야 한다. 그리고 이러한 지표를 측정할 수 있는 사내 안전관리 프로그램의 운영이 필요하다.

현재 국내에는 수많은 기업 안전 활동과 프로그램이 이루어지고 있다. 하지만, 대부분은 정부 기관(고용노동부, 안전보건공단 등)의 권유, 혹은 강제로 이루어지고 있고, 기업 안전의 주체이자 이익 당사자인 경영진과 근로자가 주도하지 않는 실정이다.

주체적인 참여가 이루어지지 않으면 주인의식을 가지고 활동에 몰입하기 힘들고, 능동적인 행동이 잘 나타나지 않으며, 보상을 얻기 위해서가 아닌 페널티를 피하기 위한 목적으로 행동하게 될 가능성이 크다. 따라서 궁극적인 기업의 안전 문화를 구축하기 위해서는 안전을 회사의 큰 미션으로 삼는 등의 기초적인 노력이 필요하다.

기업의 안전 프로그램은 모든 구성원(임원진, 관리감독자, 안전관리자, 근로자, 협력업체 근로자들)이 참여해야 하고 의무적으로 해야 하는 프로그램이 아니라, 스스로 하고 싶어 하는 프로그램이 되어야 한다. 또 일정 기간만 시행하다 그만두는 단기 프로그램보다는, 체계적이고 안정적인 안전관리 시스템을 맞춤형으로 구축하는 것이 필요하다. 또한, 안전운영 관리체계를 모든 부서에 획일화된 방식으로 적용하기보다 현장 상황에 따라 유연하게 적용하는 체계로 운영할 수 있어야 한다.

근로자 안전 행동 유도를 위해, 매뉴얼 작업, 법정 교육과 훈련 등이 실시되고 있다. 하지만, 이러한 단기 프로그램은 근로자의 안전 행동을 지속적으로 유지하는 데에 효과적이지 못하다. 게다가, 좋은 프로그램도 잘못 적용하면 근로자의 부정적인 반응만 늘려 효과를 보지 못하게 된다. 예를 들어, BBS(Behavior-Based Safety, 행동 기반 안전) 프로그램을 적용할 때 관찰을 강제적으로 시키는 것은 프로그램의 취지나 패러다임을 이해하지 못한 것이며, 그렇게 잘못 적용된 프로그램 대부분은 실패하게 된다.

이제는 장기적인 안목과 목표를 가지고 안전행동을 증진할 수 있는 체계적인 안전관리 프로그램이 필요하다. 효과적이고 효율적인 안전관리 프로그램을 설계하고 진행하기 위해 안전관리에 있어서 어떤 패러다임이 필요한지 고민해야 할 시점이다.

성공적인 안전관리 프로그램으로 자주 언급되는 BBS(Behavior-Based Safety: 행동 기반 안전관리), 듀퐁(DuPont)의 STOP, PBS(People-Based Safety) 등의 특징을 기존 안전관리와 비교해서 다음 표에 정리하였다.

[기존 안전관리와 성공적인 안전관리의 비교]

기존 안전관리	성공적인 안전관리
• 경영진에 의한 설계	• 모든 직원의 참여에 의한 설계
• 관리 계층을 대상으로 훈련	• 모든 직원을 대상으로 훈련
• 불안전 행동의 감소를 강조	• 안전 행동의 증가를 강조
• 간헐적인 관찰	• 빈번한 관찰
• 비일관적인 피드백	• 정기적인 피드백
• 공식적인 목표 부재	• 명확하고 구체적인 목표의 설정
• 결과만 강조(사고율, 무재해 등)	• 과정 및 결과 강조(안전행동 관리)
• 모든 직무나 작업장에 획일적인 적용	• 직무나 작업장에 맞춤 적용

안전은 우선순위(priority)가 아니다

"안전이 최우선이다". 여러 사업장에서 볼 수 있는 표어이고, 많은 기업의 대표들이 하는 말이다. 하지만 안전은 우선순위(priority)가 아니다. 안전은 그 어떤 상황에도 변하지 않는, 가치(value)로 내재화되어야 한다.

안전 심리학자인 Geller는 다음과 같은 예를 들었다. 우리가 매일 아침 일어나서 출근하기 전에 가장 우선으로 하는 것은 무엇인가? 아마 사람마다 다를 것이다. 어떤 사람은 잠이 좋아서 최대한 잠을 더 잘 수도 있고, 건강이 중요하다고 생각하는 사람들은 운동하기도 하고, 아침을 먹는 사람, 커피를 마시는 사람, 아침 뉴스를 보거나 신문을 읽는 사람도 있을 수 있다. 이처럼 우선순위는 매우 다양하다. 하지만 모두가 꼭 하는 한 가지 행동이 있다.

늦게 일어난 날을 생각해 보자. 잠, 식사, 운동, 커피, 뉴스 읽기는 모두 생략된다. 시간이 없으면 원래 우선순위였던 것들도 모두 우선순위에서 밀려난다. 출근 전에 누구나, 반드시, 시간이 없어도 하는 한 가지 행동은, 바로 "옷을 입는 것"이다.

위의 예는 상황이나 조건 그리고 행동을 결정하는 사람에 따라 우선순위가 변할 수 있다는 것을 보여 준다. 우선(priority)이라는 것은 위계적인 순위가 있음을 뜻한다. 순위는 때에 따라 바뀔 수 있다. 현장의 작업 상황을 한번 생각해 보자. 안전이 늘 우선순위인가? 때때로 생산성이나, 품질 등이 안전보다 우선하기도 한다.

사람이, 상황이 바뀌어도, 시간에 제약이 있어도 '변하지 않는 것'이 가치이다. "옷을 입는 것"은 어떤 경우에도 반드시 일어나는 행동이다. 이처럼 안전도 가치가 되어야 한다. 임원이 바뀌어도, 작업이 바뀌어도, 안전은 일상 작업에서 반드시 지켜야 한다. 설혹 생산성, 품질, 효율성이 좀 더 요구되는 상황이 발생하더라도, 안전은 일상(routine)이 되어야 한다. 글로 강조하지 않아도 모든 작업자가 공유해야 하는 것이 안전이다. 협상의 대상이 아니며, 의문이 제기되지 않아야 하는 것이 안전이다. 즉 안전은 습관화, 내재화되어야 하고, '안 하면 어색한 것'이 되어야 한다.

이렇게 되기 위해서는 기업 경영진에게 안전은 가치가 되어야 하고, 시간/인력과 같은 안전의 기초 자원을 분배하는 모든 의사결정과 작업, 안전관리 프로그램이나 일상에서도 안전과 관련된 절차가 일관적으로 가장 먼저 고려되어야 한다. 더불어, 안전에 관한 생각, 태도, 행동이 나타나도록 안전 프로그램이나 기업 정책, 보상 등을 통해 동기부여하는 것이 중요하다.

일회성의 교육이나, 단기간의 프로그램으로 회사 내의 안전이 가치가 되기는 어렵다. 안전이 회사의 가치로 자리 잡고 내재화되기 위해서는 상당히 오랜 시간 동안 꾸준한 노력과 실천, 일관성 있는 프로그램 실행이 이루어져야 한다. 그리고 안전이 가치가 되어야만 높은 수준의 안전 문화를 달성할 수 있다. 따라서 장기적 관점에서 지속적인 안전 향상에 대한 목표를 가지고 안전 정책이나 프로그램을 실행해야 한다. 앞서 언급한 패러다임 변화에서 강조했듯이, 결과보다는 과정 중심으로 그리고 이러한 지속적인 과정을 측정할 수 있는 지표를 중심으로, (+)의 가치로, 직원들이 참여할 수 있고, 직원들에게 이익과 도움이 되는 안전관리가 필요하다.

2장

안전을 출발점에 두고,
다시 생각해 보기

안전은 기본이 아니다: 본성과의 싸움

안전 vs 타협

모두 안전은 기본이라 말한다
그럼에도 타협하는 이유는 무엇일까?

안전은 기본이라는데…

안전에는 타협이 없다는데…

그런데 왜? 기본을 지키기 어렵고, 많은 경우 타협을 하게 되는가?

답은 인간의 욕구에 있다.

인간에게는 다양한 기본적인 욕구가 있다. 인간의 욕구 이론에서 가장 유명한 심리학자 중 한 명인 매슬로우(A. Maslow)는 욕구를 다섯 단계로 정의하고 있다.

이 다섯 단계의 욕구 중 하위욕구가 채워졌을 때 상위욕구가 생긴다.

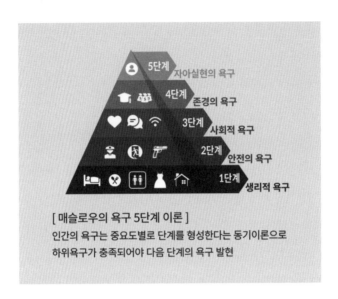

[매슬로우의 욕구 5단계 이론]
인간의 욕구는 중요도별로 단계를 형성한다는 동기이론으로
하위욕구가 충족되어야 다음 단계의 욕구 발현

인간은 가장 강력한 생리적 욕구가 1단계로 자리한다. 이는 본능과 연결되는 가장 기본적인 욕구이다.

우리가 다루고 고민하는, 안전에 대한 욕구는 2단계이다.

그렇다면 인간이 기본적으로 안전에 대한 욕구가 있는데도 불구하고 안전을 지키지 않는 이유는 무엇일까?

우선, 생리적 욕구가 잘 충족되지 않거나 위협받을 수 있다는 생각이 들면 생리적 욕구가 우선이 된다. 즉 먹고사는 문제가 먼저가 되면 안전은 후 순위로 밀려난다. 예를 들어, 근로자가 하루의 할당량을 다 채우지 못했을 때, '급여를 받을 수 없거나, 일을 계속할 수 없거나, 관리자에게 싫은 소리를 듣게 될 것 같다'고 생각하게 되면, 안전은 뒷전으로 밀려나게 된다.

안전하게 작업했을 경우 작업이 지연되고, 기일을 맞추지 못했을 때 부정적인 평가가 오고 불이익이 오는 것은, 장기적으로 생리적 욕구 충족을 위협하는 사건이 되기 때문에, 그다음 단계의 욕구에 해당하는 안전은 지켜지기 어렵다.

또한, 위험에 대한 지식이나 인식이 부족하면 안전을 지킬 수 없다. 예를 들어 어떤 화학물질이 어떤 신체적 건강 문제나 질병을 일으키는지에 대한 지식이 없으면, 필요한 보호구를 착용할 수 없고 안전하게 작업할 수 없다. 그렇게 반복적으로 불안전하게 작업을 해도 사고가 발생하지 않으면, 위험하다는 생각이 들지 않고 사고가 나지 않는다고 생각하여 안전을 지키지 않게 된다.

무엇보다, 인간은 본능적으로 편해지고자 한다.
현장을 떠올려 보자. 무더운 여름, 땀에 젖어 냄새가 나는 안전모를 쓰고, 무거운 안전벨트를 매고 작업하는 근로자를 여러분은 어떻게 생각하는가?
안전모와 안전벨트 착용은 당연히 지켜야 하는 일이다. 그러나, 근로자는 자신의 가장 강력한 욕구, 편안함에 대한 욕구를 누르고 불편함을 이겨내는 행동을 하고 있다. 본인의 안전을 위해 힘들지만 바람직하게 행동한 것이다. 우리는 이러한 바람직한 행동을 기본으로만 여기고 칭찬하지 않는다. 이렇게 안전 준수 노력에 대한 긍정적인 결과가 제공되지 않으면, 근로자는 점점 안전 행동을 하지 않는다. 즉, 안전 행동이 소거된다(extinction).

그렇다면 어떻게 해야 할까?

안전하게 작업을 하는 것이 빠르게 작업하는 것보다 근로자들과 관리자들에게 더 좋은 평가와 이익으로 돌아올 수 있도록 시스템을 구축할 필요가 있다. 안전한 작업이 급여와 고용에 긍정적인 영향을 미친다는 것을 경험하게 되면, 안전에 대한 욕구는 더 강력해질 것이다.

그리고 현장에서 발생할 수 있는 구체적인 위험(기계/장비, 화학물질, 불안전 행동, 불안전 상태 등)에 대해 지속적으로 교육하고, 이러한 위험이 어떤 부정적인 결과를 만들어 낼 수 있는지 즉 어떻게 사고로 이어질 수 있는지, 사고가 발생하면 피해가 얼마나 큰지 등에 대해 알려 줄 필요가 있다. 일방적인 교육보다는 직원들이 직접 찾아보고 동료들에게 알려줄 수 있게 해 주는 방법이 위험에 대한 지식 증진과 안전 의식 증진에 도움이 된다.

마지막으로 근로자가 안전하게 작업을 하고 있을 때, 불편한 개인보호구를 착용하고 있을 때, 안전하게 행동하는 근로자를 당연하게 생각하는 대신, 다음과 같이 칭찬해 보면 어떨까?

"번거롭고 힘드실 텐데 개인보호구를 잘 착용해 주셔서 감사드립니다. 이러한 노력이 기업의 안전 확보와 사고 예방에 큰 도움이 됩니다." 그리고 추가로 "도움이 필요하거나 지원이 필요한 부분이 있을까요?" 라고 질문해 보자. 칭찬을 넘어 안전에 관한 대화를 이끌어 나가면 현장 안전관리와 관련된 많은 정보를 얻을 수 있다.

안전은 마이너스 게임이다: 안전의 가치

점수 더하기   vs.   점수 지키기

**안전에 대한 인식은 '지키는 가치'에서 '더하는 가치' 로 변해야 한다
목표 달성 수치가 0이라면 구성원들의 참여와 기대는 떨어질 것이다**

여러분은 2가지 게임 중에 하나를 선택해야 한다.

첫 번째, 내가 무엇을 맞추고 부수면서 점수를 더해가는 게임

두 번째, 내 것을 다른 사람으로부터 보호하며 점수를 지키는 게임

무슨 게임을 하겠는가?

열이면 열, 백이면 백 모두 첫 번째 게임을 선택할 것이다. 무엇이든 더해 가는 것이 재미있고 쉽게 의미를 찾을 수 있다.

우리의 일상에 적용해 보자.

건물을 만들고, 도로를 건설하고, 제품을 만들어 내는 것은 모두 더하는 게임이다.

우리 안전은 어떠한가? 안전은 더하는 게임(+)인가, 지키는 게임(-)인가?

우리의 목표는 무재해이다. 즉 목표가 0이다. 당연히 지키는 게임(-), 재미없는 게임이 되는 것이다.

따라서, 안전의 의미와 가치는 다른 일에 비해 낮을 수밖에 없다.

더구나 무재해라는 목표는 불행히도 우리가 열심히 하는 정도와 정비례하지 않는다. 극단적인 예로, 아무 노력도 하지 않았는데 무재해를 달성한 조직(사람)과 정말 열심히 열과 성을 다해 노력하고 관리했으나 무재해를 달성하지 못한 조직(사람)이 있다고 해 보자. 이들을 무재해로 평가해야 한다면 어떤 조직(사람)이 더 좋은 평가를 받겠는가?

심리학에 'Dead Man Test'라는 것이 있다. 죽은 사람도 할 수 있는 것은 의미가 없다는 뜻인데, 무재해를 목표로 두는 것은 안전의 가치를 낮게 만듦을 생각해야 한다. Dead Man(죽은 사람)이 아니라 열심히 노력하는 사람에게 성과를 주어야 안전에 대한 가치가 생길 것이다.

그런 까닭에 안전도 더해가는 게임(+)으로 만들어야 한다. 우리 현장, 공장, 사업장의 안전을 달성하기 위해 어떠한 행동과 활동을 하였는지를 지표로 만들어 목표로 삼고 관리한다면, 안전도 더하는 게임(+)으로 만들 수 있다.

If a dead man can do it, it probably isn't a behavior
- Malott & Suarez (2003)
죽은 사람도 할 수 있는 것은 행동이 아니다

탈안전: 안전에 대한 학습된 무기력

최근 탈(脫) 안전이라는 말이 안전관리 팀/부서 직원들과 관리자들 사이에 언급되고 있다고 한다. 안전 담당 업무를 '그만두고 싶다'는 뜻이다. 일반적으로 직장인들이 회사생활을 하면서 힘들고 어려울 때 종종 이런 이야기를 한다. 하지만 유독 안전 분야에서 이러한 이야기가 자주 나오는 데는 이유가 있을 것이다.

우선 세월호 사고 이후 안전에 대한 사회적 관심이 증가하기 시작하였고, 정부와 관련 공공기관 역시 안전을 강조하기 시작하였다. 그리고 이에 따라, 여러 안전 진단과 점검(본사, 원청, 자체, 고용노동부, 국토부 등)이 늘어났다. 특히 최근 '중대재해 처벌 등에 관한 법률'로 인해 많은 기업이 재해 발생에 민감해지면서 더욱 증가하게 되었다. 물론 정기적인 안전 진단과 점검은 안전 향상을 위해 필요하다. 안전 점검을 통해 기존에 간과해 왔던 여러 위험 요소들을 확인할 수 있고, 안전관리 과정이나 전반적인 시스템을 보완할 수 있는 계기가 될 수 있기 때문이다. 안전 점검이 잘 작동하면 사고 예방에도 실질적인 도움이 된다. 그러나 이러한 점검이 과하게 진행되다 보면, 안전 담당 직원들이 지적 사항들을 확인하고 처리해야 하기 때문에 업무량이 단기간에 많아져 업무 부하를 경험하고, 이는 자칫 과도한 심리적 부담감으로 이어질 수 있다. 특히 고용노동부나 국토부의 안전 점검의 경우 법 위반 사항들에 대해 처벌적인 과징금이 부과된다. 이때, 과징금의 책임이 안전 담당 직원들에게 돌아가게 되면 이 역시 스트레스로 작용할 수 있다.

안전 담당 직원들이 처리해야 할 일이 많아지면 현장 관리자들이나 직원들에게 요구하는 서류 작업도 많아진다. 물론 필수적인 서류 작업과 행정 업무는 필요한 것이지만 이러한 일들이 현장에 과하게 부과되면 안전관리에 누수가 발생할 수 있다. 이와 관련하여 필자는 한 기업의 공장에서 '매월 있는 "안전 점검의 날"에 기계나 장비를 점검/보수하고, 위험 요소를 발굴하는데, 그러한 작업을 하기는 어렵고, 안전 쪽에서 요구하는 것은 많아 여러 가지 서류를 처리하기가 바쁘고 실질적인 안전관리가 되고 있지 않다'는 이야기를 들은 경험이 있다. 이러한 일들이 반복되면 현장 직원들과 안전 담당 직원들 간에 갈등이 심해지고, 오해의 골이 깊어지면서 안전에 대한 현장에서의 협조가 점점 어려워지게 된다.

무엇보다 후행 지표(사고나 재해 건수 같은 결과)를 기준으로 안전 담당 직원들의 성과 평가가 이뤄지는 상황에서 사고가 자주 발생하게 되면 안전 담당 직원들은 "학습된 무기력(learned helplessness)"에 빠질 수 있다. 미국 심리학자 마틴 셀리그먼(Martin Seligman)은 개를 대상으로 한 실험을 했다. 한 집단의 개들에게는 전기충격을 주었을 때 충격을 멈출 수 있는 조작기를 주었고, 다른 집단의 개들은 전기충격에서 벗어날 수 없도록 하였다. 두 번째 집단의 개들이 어떠한 행동이나 조작을 해도 전기충격은 멈추지 않았다. 이후, 두 집단의 개들에게 낮은 파티션을 넘어 전기충격을 피할 수 있는 상황을 주고 관찰하였다. 조작기를 눌러 전기충격을 멈췄던 개들은 쉽게 건너가 전기충격을 피하였지만, 피할 수 없는 전기충격을 받았던 개들은 파티션을 건너갈 시도조차 하지 않고 전기충격을 받으면서 낑낑댔다. 이처럼, 부정적이고 혐오적인 결과(전기충격)를 피하거나 중지하기 위해 어떠한 노력이나 시도를 해도 결과가 변하지 않고 혐오적인 상태가 계속 유지되면 어떤 시도나 노력도 더는 하지 않게 된다.

[마틴 셀리그먼의 학습된 무기력]
피할 수 없는 힘든 상황을 반복적으로 겪으면 피할 수 있는 상황에서도
극복하려는 시도 없이 자포자기하는 현상

무재해가 강조되는 상황에서 안전 담당 직원들이 사고 예방을 위해

여러 계획을 짜고 실행해도 사고로 이어질 경우, '뭘 해도 어쩔 수가 없다'라는 생각이 들 수 있다. 이는 종종 무기력으로 이어질 수 있다. 특히 안전 담당 직원들의 상대적 지위나 권한이 부족하고 현장 대응 인력이나 시간이 부족할 경우 이러한 결과로 이어질 가능성은 더 커진다. 안전관리를 잘하고 싶어도 할 수 없는 상황이 되는 것이다. 이런 상황이 지속된다면 당연히 사고 발생 가능성은 증가한다. 우리 회사의 안전 진단이나 점검체계가 어떠한지, 즉 효율적이고 효과적인지, 그리고 안전 담당 직원들의 지위와 권한, 안전에 대한 자원 배분(인력, 예산, 시간 등)이 충분한지 다시 한번 점검해 볼 필요가 있다.

3장

안전심리, 나만은
안전하다는 착각의 시작

안전불감증: 위험지각

사고가 나면 가장 먼저 원인으로 언급되는 것이 "안전불감증"이다. 그렇다면 정확히 안전불감증은 무엇일까? 사전에서 안전불감증은 "위험에 둔감해지거나 익숙해져서, 위험하다는 생각이나 의식을 못 하는 일"로 정의된다. 좀 더 과학적인 용어로는 '위험 지각(risk perception) 이 낮은 상태'라고 할 수 있다.

안전불감증이 문제가 되는 이유는 사고의 직접적인 원인인 불안전 행동을 유발하기 때문이다. 안전불감증이 있는 사람들은 위험하다거나 사고가 날 가능성이 있다고 생각하지 않게 되어 불안전 행동을 하게 된다.

그 이유는 하인리히(Heinrich)의 사고 피라미드에서 찾을 수 있다. 하인리히는 사망사고(fatality)가 1건 나기 전에 30건의 중대사고(major injury), 300건의 경미한 사고(minor injury), 3,000건의 아차 사고(near miss)가 일어나며, 불안전한 행동 혹은 상태가 30만 번 발생한다고 하였다.

[안전불감증의 원인, 하인리히의 사고 피라미드]
불안전 행동이 경미한 사고로 이어지는 확률은 1/1000로 미미하다
그렇기에 횡단보도를 이용하지 않아 사고가 일어날 수도 있다고 생각하지 못한다

이처럼 수많은 불안전 행동을 하더라도 사고는 잘 발생하지 않기 때문에, 위험 지각(위험하다는 의식적인 생각)이 낮아지고 이에 따라 불안전 행동을 하게 된다. 예를 들어 우리는 종종 무단횡단을 하는 사람들을 볼 수 있다. 만약 무단횡단(불안전 행동)을 할 때마다 경미한 사고가 난다면 무단횡단을 하는 사람이 있을까? 혹은 무단횡단 10번에 한 번 정도 사고가 난다면 무단횡단을 할까? 아마 그런 사람은 없을 것이다. 그렇지만 불안전 행동과 경미한 사고의 비율은 300,000:300으로, 약 1,000번의 불안전 행동이 발생하면 1번의 경미한 사고가 발생할 수 있다. 게다가 이는 확률적인 것으로, 1,000번의 불안전 행동을 한다고 해서 1번의 사고가 반드시 발생하지도 않는다.

한 가지 확실한 것은 1,000번의 불안전 행동을 하는 동안 거의 사고가 발생하지 않으면 사람들은 사고가 나지 않는다고 생각하게 된다는 것이다. 위험 지각이 경험을 통해 낮아지게 되는 것이다. 위험 지각은 위험요인이 반복될수록, 친숙할수록, 통제할 수 있다고 생각할수록, 이득이 있을수록 낮아진다.

회사에서도 마찬가지이다. 처음에는 위험하다고 생각되는 작업도, 반복하고, 익숙해지고, 본인이 제어할 수 있다고 생각할수록, 그리고 더 빨리 작업이 마무리될수록 위험지각이 낮아지게 된다. 결국 대부분의 사람들은 안전불감증을 가질 수밖에 없고, 불안전 행동을 할 가능성이 크다고 할 수 있다.

개인을 넘어 회사 전체 인원의 불안전 행동의 수를 고려한다면 작은 사고들이 꽤 자주 발생한다. 결국에는 불안전 행동을 줄이기 위해 위험지각을 높여야 한다. 위험지각은 위험 요인을 기억할 수 있을 때, 사고의 희생자가 주변인일 때, 우리가 사고를 완전히 통제할 수 없다고 생각할 때, 그리고 이득보다는 손해가 크다고 생각할 때 높아진다. 매일 작업 전에 위험한 작업에 대한 교육을 제공하거나, 관련 작업 사고 사례를 전파(특히 사내, 유사 업종에서 발생한 유사 사고사례를 전파)하는 것, 그리고 평소에 사고가 나지 않더라도 한번 발생하면 결국에는 큰 손실이 된다는 것을 알려 주는 것 등의 방법으로 위험지각을 높이고 안전불감증을 감소시킬 수 있다.

의도된 위반: 우리는 왜 과속하는가?

지난 2021년 4월 17일 개정된 도로교통법 시행규칙으로 도심 속도를 50km/h로 제한했다. 좋은 정책일까? 진지하게 고민해 볼 필요가 있다.

도심 속도 50km/h, 현실적인 규칙인지 고민해 보자.

대부분의 고속도로 최고 제한속도는 100~110km/h이다. 당신은 이 제한속도를 잘 지키고 있는가? 잘 지키는 사람도 있지만 대부분 잘 지키지 않는다. 왜 그럴까?

이 최고제한속도 법규는 1979년도에 제정되었다. 고속도로 설계속도가 120km/h였으니 이보다 안전하게 100~110km/h로 정했었다. 당시로서는 제일 나은 선택이었을 것이다. 그러나 지금은 어떠한가? 그때와 같은 상황인가? 건설기술의 발전으로 도로 여건은 매우 좋아졌고, 자동차 성능 또한 촌각을 다투며 향상되고 있다. 그러나 속도 법규는 40년 전의 수준으로 머물러 있다. 기준을 지키기 어려우니 과속 단속카메라 앞에서만 잠시 속도를 줄이고 이내 다시 과속한다. 시대에 맞지 않은 잘못된 기준으로 의도적 위반자가 된 것이다.

우리는 평소에도 안전속도는 반드시 지켜야 한다는 인식보다 단속카메라만 피하면 된다는 생각으로 운전한다. 이를 먼저 개선하고, 교통안전 목적에 부합하는 정책을 펼쳤으면 어땠을까 하는 아쉬움이 남는다.

현장에서도 비슷한 사례가 많다. 특히 산업현장의 안전기준(*법규를 제외한 사내 기준)이 그렇다.

안전기준이 높은 회사와 낮은 회사의 차이는 실로 크다. 그러나 아직 수준이 낮은 회사에서 잘하고자 하는 마음이 앞서 모범 수준의 회사 안전기준을 그대로 가져다 놓고 왜 잘 안 지켜지냐고 말하는 경우를 허다하게 보았다. 지킬 수 없는 수준의 기준을 가져다 놓으니 아예 포기하게 되고, 기준을 알면서도 지키지 않는 것이다. 즉 기준을 지키지 않아도 되는 것으로 만들어 버린다. 의도적 위반을 낳는 것이다. 이때는 단계적 수준 향상을 도모하는 것이 더 바람직하다. 중요한 안전기준부터 수립하고 이를 지키게 하여, 안전기준은 반드시 지켜야 한다는 인식이 우선되어야 한다.

지키지 못할 기준은 차라리 없는 편이 낫다. 그러나 정해진 기준(법규)은 반드시, 당연히 지키도록 모두의 인식 개선이 필요한 시점이다.

동조효과(conformity): 주변 동료들의 영향

사회적 영향(social influence)은 다른 사람의 행동이 개인의 행동 변화를 유발하는 것을 말한다. 가장 대표적인 현상은 동조로, 어떤 사람이 다른 사람의 특정 행동을 따라 하는 것이다. 사람들은 유행하는 머리 스타일이나 복장을 따라 하는 경향이 있다. 우리는 왜 동조하는 것일까? 한 가지 이유는 개인적 판단보다는 다수의 의견이나 행동이 더 타당할 수 있다고 생각하기 때문이다. 이러한 영향을 정보적 영향(informative influence)이라고 한다. 올바르고 합리적으로 판단하고자 하는 인간의 욕구 때문에 발생하는 현상이다. 특히 본인의 결정이나 행동이 올바른지가 불확실한 상황에서, 사람들은 다수에 더 동조하는 모습을 보인다.

그렇다면 자신의 의견, 결정이 올바르다는 확신이 있는 경우에는 어떨까? 이러한 경우에도 동조효과가 발생할 수 있다. 대표적인 연구가

Asch(1952, 1955)의 실험이다. 실험은 다음과 같다. 1, 2, 3번의 비교선 중 기준선과 같은 길이의 선이 몇 번인지 응답하는 것이다. 정답은? 당연히 2번이다. 너무 쉽다고 생각할 수 있다. 그러나 실험 상황에서는, 한 사람의 순수한 실험 참가자와 사전에 모의한 7~9명의 협조자가 함께했다. 순수한 참가자와 협조자들은 동시에 같은 실험실에 입장하고, 순수한 참가자만 이 상황을 모른다. 그리고 실험자는 순수한 실험자를 가장 마지막에 응답하는 자리에 앉힌다.

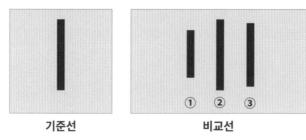

기준선   **비교선**

[동조효과 실험]
몇 번 선이 기준선과 같은 길이로 보이는가?
참가자들 모두가 1번을 선택했다. 나의 선택은?

　실험이 시작되면 실험협조자들이 모두 1번, 1번--- 1번이라고 오답을 이야기한다. 마지막에 앉아 있는 순수한 참가자는 과연 2번이라고 대답할 것인가? 연구 결과는 예상외였다. 올바른 답이 명확함에도 74%의 참가자가 적어도 한 번 이상 집단에 동조했다. 왜 이런 명확한 상황에서도 동조하는가? 본인만 이상한 사람으로 평가될 수도 있고 계속 다른 답을 이야기하면 집단에 직접적인 도전을 하는 것으로 보일 수도 있기 때문이다. 여기서 오답을 이야기하는 것은 집단의 규범적 영향(normative influence)이다. 이는 무엇보다도, 집단으로부터 인정받고 거부당하지 않고자 하는 인간의 기초적인 욕망(배척 불안)에서 비롯되었다. 진화심리학적으로 집단은 이탈자를 거부하고 배척하거나 처벌한다. 반대로 동조하는 사람은 집단 구성원으로 인정을 해 주고, 지위를 주거나 다양한 보상을 제공할 수 있다.

특히 집단에 대한 동조는 우리나라처럼 집합주의(collectivism)가 높은 나라에서 더 강하게 나타난다. 다시 말해, 개인보다는 집단의 목표를 우선시하고, 집단에 반하는 행동을 하기 어려운 문화권에서는 더 집단에 동조한다. "모난 돌이 정 맞는다."라는 속담처럼.

그렇다면 안전 행동은 어떨까? 나는 새로운 안전 교육을 받고 안전하게 작업을 하고 있었는데 주변에서 다 기존에 하던 방식대로 작업을 하고 있다면? 신입사원이 들어왔는데 주변의 선배나 동료들이 불안전하게 작업을 하고 있다면?

반대로 생각해 보자. 나는 편하게 작업하려고 안전 장비를 착용하지 않았는데, 주변 동료들이 모두 쓰고 있다면? 신입사원이 들어왔는데 모두 안전하게 작업하고 있다면?

주변 동료들의 행동은 개인에게 생각보다 큰 영향을 미친다.

집단사고(groupthink): NASA에서 발사한 챌린저호는 왜 폭발했을까?

집단 지성(collective intelligence)이라는 말을 들어 봤을 것이다. 쉽게 이야기하면 다양한 경험과 지식을 가진 사람들로 이루어진 집단이 소수 전문가의 결정보다 더 나은 결정을 한다는 것이다. 하지만 집단이 항상 옳고 타당한 의사결정만을 하는 것은 아니다. 일부 상황에서는 개인보다 더 좋지 못한 의사결정을 하기도 한다. 이렇듯 집단의 극단적이고 비합리적인 의사결정을 집단사고(groupthink)라고 한다.

집단사고(groupthink)는 '사람들이 응집력이 강한 집단에 몰입하여, 집단 구성원들 간의 갈등을 최소화하려고 의견의 일치를 유도하고 비판적인 생각을 하지 않는 것'을 의미한다. 특히 우리나라처럼 관계를 중요시하는 문화에서는 집단사고가 더 발생하기 쉽다. 이 외에도 지시적인 리더가 집단을 이끌 때, 구성원들의 사회적 배경과 관념의 동질성이 높을 때, 그리고 시간 압박이 있거나 외부로부터 고립되어 충분한 토의가 일어날 수 없을 때 집단사고가 발생할 가능성이 커진다.

작은 부품의 결함으로 우주왕복선이 폭발했다. 예상하지 못한 사고였을까?

집단사고로 인해 나타난 대표적인 사례가 챌린저호 폭발과 컬럼비아호 폭발 사고이다. 1986년 1월 28일 아침, 미국 NASA는 이미 한 차례 발사를 연기했던 우주왕복선 챌린저호를 발사했다. 하지만 발사 후 73초 만에 폭발하면서 7명의 우주인 전원이 사망하였고 4,865억 원의 금전적 손실이 발생했다. 분석된 사고 원인은 작은 고무 링이었다. 이 고무 링은 추진기 온도가 높아지면 함께 늘어나면서 부품 사이의 틈을 막아주어야 하는데, 영하의 추운 날씨에 탄력을 잃고 타버린 것이다. 그 틈으로 이륙과 동시에 고온 압력이 새어 나오면서 폭발이 일어났다. 사실 NASA는, 이미 로켓 디자인 당시 해당 오링의 불량 및 불안전 가능성을 인지하였고, 경험 많은 고무 오링 기술자는 발사를 취소하거나 일정을 조정해달라고 몇 번이고 요청하였다. 그러나 고위 관리자들은 그의 말을 무시하고 발사를 허가하였다. 처음 발사 예정은 1월 22일이었으나 다른 발사로 인해 23일로, 다시 24일로 연기된 상황이었다. 이어 발사 기지(케네디 우주센터)의 악천후로 인해 27일로 챌린저호 본체의 추가 정비가 필요해져 결국 발사는 28일로 미루어졌고, 전문가들은 28일도 기온이 너무 낮아 안 된다고 말했지만, NASA 측에서는 더 미룰 수 없다면서 발사시킨 것이 화근이 되었다. 결국 시간의 압박 속에서 비판적 의견을 무시한 결정, 즉 집단사고로 인해 발생한 사고이다. 이러한 상황에서 구성원들은 리더의 의견에 반대하거나, 다른 의견을 제시하기가 어렵고, 오히려 비합리적일 수 있는 리더의 의견을 보다 적극적으로 옹호하고 강화하는 행동을 하게 된다.

2003년 2월 1일에는 지구로 귀환하던 컬럼비아호가 대기권에 진입하면서 폭발하는 사고가 발생하였다. 발사 당시 파편 충돌로 인해 왼쪽 날개에 생겼던 작은 구멍이 그 원인으로 밝혀졌다. 당시 엔지니어 중의 한 명이

안전에 있어 비판적 의견을 무시하는 상황은 매우 치명적이다.

그 작은 구멍이 치명적인 위험을 초래할 수 있음을 예상하였고, NASA에 지속해서 문제를 제기했었다. 하지만 그의 주장은 관리자들에 의해 무시되었다. 이 참사의 진정한 원인은 기술적인 문제가 아니라, 경직되어 비판을 받아들이지 않은 집단사고라고 할 수 있다.

집단사고의 증상으로는 집단의 완전성에 대한 환상, 합리화, 외부 집단에 대한 정형화된 시각, 동조 압력, 자기 검열, 만장일치에 대한 환

상 등이 있다. 이는 대안에 대한 불충분한 조사, 선택의 위험성에 대한 검토 부족, 대안 재평가 실패, 불충분한 정보 탐색, 이용 가능한 정보에 대한 편의적인 처리 등으로 이어진다.

이러한 집단사고를 방지하기 위해서는 몇 가지 조치들이 필요하다. 우선, 리더는 자신이 선호하는 의견을 먼저 밝히기보다는 모든 구성원이 자신의 의견을 제시할 수 있도록 동기 부여해야 한다. 또한, 구성원들의 제안에 대해 서로 자유롭게 비판하도록 권장할 필요가 있다. 특히 특정 구성원에게 비판하는 역할(devil's advocate)을 부여하면 구성원들이 편하게 반대와 의심을 할 수 있도록 도울 수 있다. 추가로, 전체 집단을 여러 하위 집단으로 나눠서 하위 집단별로 토론을 진행한 후에 종합 토론을 하여 다양한 의견이 나올 수 있도록 해야 한다. 최종 의사결정 전에 다시 한번 올바른 결정이었는지를 고려해 볼 수 있는 절차를 두는 것도 좋고 외부전문가에게 의사결정을 문의하고 평가받는 것도 좋은 방법이다.

집단사고 방지를 위한 몇 가지 조치 사항

리더의 역할은 적극적 경청
듣기 먼저, 말하기는 나중에
구성원이 의견을 내도록 동기 부여하고 질문 던지기

**devil's advocate,
비판하는 역할을 담당하는
구성원 지정**
제안에 대해 자유롭게 비판하고
새로운 의견을 제시할 수 있는
분위기가 형성된다

외부 전문가 의견 수렴

소규모 논의 후 집단토론 진행

귀인편향(attribution bias): 내가 넘어진 이유는 네 탓이다

　귀인(歸因, attribution)을 설명하는 심리학적 이론이 있다. 귀인의 한자 의미는 원인으로 돌아간다는 뜻으로, 사람이 어떤 행동이나 결과, 사건의 '원인을 찾는다'라는 의미이다. 귀인은 크게 외적 귀인과 내적 귀인으로 나눈다. 외적 귀인은 다른 사람, 환경, 운, 날씨 등과 같이 내가 아닌 외부에서 원인을 찾는 것을, 내적 귀인은 나의 노력, 능력, 성격 등과 같이 나로부터 원인을 찾는 것을 의미한다.

　어떤 결과나 사건의 원인을 어디에 두느냐는 미래 행동에 상당한 영향을 미친다. 예를 들어 시험에서 점수가 좋지 않게 나왔을 때, 운이 좋지 않았다고 외적으로 귀인하면 다음 시험을 위해 추가적인 노력을 하지 않을 것이다. 하지만 내 노력이 부족했다고 내적으로 귀인하면 다음 시험 준비에 더 많은 시간과 노력을 투자할 것이다. 시험 출제자가 문제를 이상하게 냈다고 귀인 하면, 문제에 대해 이의 제기를 하게 될 것이다. 한편, 시험 성적이 좋게 나왔을 때, 나의 능력과 노력과 같은 내적 요인에 귀인하면, 자긍심과 만족감이 발생하겠지만, 주변 친구의 도움 때문이었다고 외적으로 귀인하면, 감사함이라는 감정이 발생할 것이다.

하지만 나와 타인의 행동이나 결과에 대한 귀인에는 차이가 있다. 일반적으로, 나의 긍정적인 결과는 내적으로 귀인을 하지만, 타인의 긍정적인 결과는 외적으로 귀인한다. 반대로 나의 부정적인 결과는 외적으로 귀인을 하지만, 타인의 부정적인 결과는 내적으로 귀인하는 경향이 있다. 이렇게, 행위자가 자신의 행동을 귀인할 때와 타인의 행동을 관찰자로서 귀인할 때에 차별적인 경향을 보이는 것을 '행위자-관찰자 편향(actor-observer bias)'이라고 한다.

이러한 편향은 안전에도 적용이 된다. 본인이 작업장을 걸어가는데, 바닥에 물기가 남아 있어서 미끄러져 넘어졌다고 가정해 보자. 넘어짐의 원인이 어디 있다고 생각하겠는가? 즉, 귀인을 어디로 할 가능성이 큰가? 아마 대부분은 바닥에 물기가 남아 있어서 넘어졌다고 생각할 것이다. 그리고 물기가 남아 있는 곳에 미끄럼 주의와 같은 표지판을 설치해 놓지 않아서, 혹은 청소하는 사람이 물기를 충분히 제거하지 않은 것을 주요 원인으로 돌릴 것이다.

하지만 미끄러진 당사자가 여러분이 아니라 잘 모르는 사람이고, 그 사람이 미끄러져 넘어진 상황을 관찰했다고 생각해 보자. 여러분은 이런 상황에서 어떻게 이야기하는가? 아마 "아이고, 아프겠네. 조심 좀 하지."라고 할 것이다. 미끄러져 넘어진 주요 원인을 넘어진 그 사람이 충분히 주위를 살피지 않은 것으로 돌린 것이다. 즉, 같은 상황이라도 행위자는 부정적 사건이나 결과의 원인을 외부로 돌리고, 관찰자는 행위자 탓으로 돌리는 경향이 있다. 하지만 가족이나 친구가 미끄러져 넘어졌다면, 외적으로 귀인할 가능성이 크다.

이렇게 귀인에 차이가 나타난 이유는, 자신의 행동을 직접 관찰하기 어렵기 때문이다. 따라서, 행위자는 자신의 행동보다 그 행동을 하게 된 상황에 더 주목하게 된다. 반대로 타인의 행동에 대해서는, 상황보다 행동을 한 사람 자체에 더 주목하게 된다. 또 자신의 행동에 대해서는 왜 그렇게 했는지에 대한 정보를 많이 가지고 있지만, 타인의 행동에 대해서는 그러한 정보가 부족하기 때문에 이러한 행위자-관찰자 편향이 발생한다고도 할 수 있다.

그렇다면 내가 미끄러진 당사자라고 생각해 보자. 미끄러진 사건 이후에, 작업장을 걸어 다니면서 바닥에 물이나 장애물이 있는지 주의를 하겠는가? 물론 넘어진 경험을 했기 때문에 과거보다 좀 더 조심할 수도 있겠지만, 과거에 넘어진 원인이 본인의 주의나 노력에 있다고 내적 귀인을 하지 않기 때문에 아마 작업장에서 더 주의하면서 다닐 가능성은 내적 귀인을 한 사람보다 크지 않을 것이다. 물론 미끄럼 방지를 위한 다양한 노력이 필요하겠지만, 안전과 관련된 사건에 대해서는 내적인 귀인도 일부 필요하다. 관리자, 회사의 사고 예방 노력이 필요하지만, 근로자 개개인의 안전에 대한 책임 의식과 안전 준수를 위한 노력이 함께 더해져야 궁극적인 사고 예방이 가능하다.

위험 보상: 그가 안전벨트를 매고 나면 과속하는 이유

장비가 더 안전해지고, 개인보호구가 더 완전해지면 사람들은 더 불안전한 행동을 할까? 이 질문은 위험에 대한 지각과 관련된 가장 논쟁적인 이론인 위험 보상 이론에 대한 것이다. 위험 보상은 위험 항상성(risk homeostasis), 위험 상쇄 행동(risk-offsetting), 왜곡된 보상(perverse compensation) 등으로 불린다.

구체적으로 개인이 장비나 도구 혹은 다른 보장을 통해 보호받고 있고 더 안전해졌다고 판단하거나 느끼게 되면, 위험의 정도가 낮다고 생각하고, 따라서 더 위험하게 행동을 한다. 스카이다이버의 사망 원인 중 하나인 낙하산이 펼쳐지지 않는 사고를 예방하기 위해 낙하산이 자동으로 펼쳐지는 장비가 개발된 것으로 예를 들 수 있다. 안전 장비의 개발에도, 사망자 수는 매년 동일한 수준으로 유지되었다. 그 원인을 분석해 보니, 낙하산 자동 장비가 보급되었지만, 스카이다이버들은 이 장비를 믿고 과거보다 더 과감한(위험한) 점프 동작을 시도하게 되었고 이로 인해 사망자 수가 감소하지 않은 것이었다.

안전 장비 의무화 시행 이후에도 자동차 충돌 사고 수는 변함이 없었다.

또 다른 예로, 미국에서 Peltzman(1975)은 자동차에 안전벨트, 조향축, 이중 브레이크 시스템, 침투 저항 바람 막 등과 같은 안전 장비를 장착해야 했던 시기와 그 전 시기(1947~1965년 vs. 1966~1972년)의 충돌 사망자 수를 비교하였다. 그 결과, 사망자 수에는 차이가 없었다. 그는 그 이유를 위험 보상 이론으로 설명하였다. 차가 더 안전해졌기 때문에 이를 믿고 사람들이 더 난폭하고 위험한 운전을 하게 되었다는 것이다. 영국에서는 안전벨트 착용 의무화를 시행하고 난 이후 자동차 관련 사망자는 줄어들었지만, 오히려 차 사고로 인한 보행자 사망자는 증가한 것으로 나타났다(Adams, 1999).

이러한 안전 보상은 실험을 통해 증명되기도 하였다. 안전벨트를 착용하기 전과 후에 자동차 운전 속도를 비교한 실험에서 참가자들은 벨트 착용 전보다 훨씬 안전하다는 느낌이 들었다고 보고하였고, 더 빠른 속도로 운전하는 것으로 나타났다.

하지만 단순한 통계치 비교로 안전 보상 이론을 지지하기는 어렵다. 미국이나 영국에서 안전벨트 착용이 법제화되었더라도, 여전히 안전벨트를 매지 않은 사람들은 많았으며(30~40%), 음주 운전자나 속도 내는 것을 즐기는 사람들을 고려하지 못했기 때문이다. 그리고 안전벨트 착용이 의무인 국가와 그렇지 않은 나라를 비교하면, 벨트 착용을 의무화한 나라의 사망사고가 크게 줄어들기도 하였다. 앞서 언급한 속도 실험에서도, 참가자들은 안전벨트를 풀었을 때 더 위험하다고 지각했지만, 운전 속도는 안전벨트와 관계없이 일정했다. 즉 위험 보상 이론이 지지되지 않은 경우도 있었다.

설혹 안전 보상 이론이 특정 시점에 사람들의 행동 선택에 영향을 미칠 수는 있지만, 장비와 도구를 안전하게 하는 것, 그리고 안전을 위해 기업이 지속적으로 노력하는 것의 효과를 무시해서는 안 된다. 미식 축구나 아이스하키 경기를 보면, 선수들은 보호 장비를 하고 있기 때문에 더 과격하고 위험한 행동을 하기도 한다. 하지만, 안전 장비가 있기 때문에 상해의 정도나 사고의 심각성은 감소하게 된다. 장기적인 측면에서 우리나라 교통사고 감소와 산업 재해율 감소를 보더라도 더 안전해진 환경, 제도, 장비가 궁극적으로 더 안전한 결과를 가져온 것을 알 수 있다.

우리가 생각해야 할 점은 제도와 장비, 시스템 구축만으로 완벽한 안전을 이룰 수는 없다는 것이다. 일부 사람들은 위험을 오히려 즐기기도 하고, 일부는 위험 보상 이론에 따라 행동할 수도 있고, 일부는 법이나 규칙이 있어도 이를 자발적으로 따르지 않거나 저항할 수도 있다는 것이다. 다만, 강압적인 방식으로는 완벽한 안전을 이룰 수 없으며, 직원들의 자발적인 참여를 끌어내고 이를 확산시킬 수 있을 때 궁극적인 안전 문화를 이뤄낼 수 있다는 것을 알아야 한다.

위험 보상 심리로 위험 행동을 할 수는 있지만, 이는 단기적인 결과이다.
멀리 바라보고 안전 장비, 제도, 문화를 모두 개선하는 노력이 필요하다.

통제에 대한 착각:
돌발 상황에 대처할 수 있다?

사람들은 본인이 어떤 문제나 상황에 대처하거나 영향력을 행사할 수 없는데도 그렇게 할 수 있다고 생각하는 경향이 있다. 즉 본인이 통제를 할 수 있다고 생각하지만 실제로는 통제를 할 수 없는 경우가 있는데, 이를 통제에 대한 착각이라고 한다.

2019년 9월, 경사로를 내려오는 4.5톤 트럭을 손으로 세우려던 운전기사가 차 사이에 끼어 숨진 안타까운 사고가 있었다. 물건을 싣고 있던 차가 경사로를 따라 움직이기 시작하자 당황한 나머지 급하게 뒤따라가 손으로 차를 막아 세우려 했던 것이다. 4.5톤 트럭을 손으로 멈출 수 있는가? 불가능하다. 하지만 내가 운전하는 차이고, 차가 빠르게 움직이지 않아, 이 돌발 상황을 대처할 수 있다고 판단하여 나타난 행동이다.

고속도로에서 약 90Km의 속도로 달리면서 대형 사다리차를 발로 운전하는 분도 있었다. 이 역시 오랫동안 그 차를 운전해 오신 경우다. 불안전한 방식으로 운전을 하더라도 다른 차가 끼어드는 돌발 상황에 대처할 수 있다는 통제에 대한 착각에서 비롯된 행동이라 할 수 있겠다.

이러한 통제에 대한 착각은 대부분의 사람들이 가지고 있다. 한 실험은 이러한 성향을 잘 설명한다. 이 실험의 참가자들에게는 버튼을 눌러 녹색 불이 들어오게 하는 간단한 과제를 주었다. 참가자는 네 집단으로 나뉘고, 각 집단의 참가자가 버튼을 눌렀을 때 불이 들어올(참가자가 통제할 수 있는) 확률은 75%이다. 숨어 있는 실험자도 버튼을 눌러 불이 들어오게 할 수 있었는데, 그 확률이 각기 달랐다. 예를 들어, 낮은 통제 집단(75~50%)은 전체 과제 중 참가자가 버튼을 눌렀을 때 녹색 불이 켜질 확률이 75%, 그중 숨어 있는 실험자가 그렇게 할 확률이 전체의 50%로, 실제 참가자가 통제할 가능성이 25%임을 의미한다. 실험의 결과는 다음 그래프와 같았다. 참가자들은 실제로 본인이 과제에서 불이 들어오는 것을 전혀 통제할 수 없는 상황(참가자 75%~실험자 75%)에서도 41% 정도는 통제할 수 있다고 보고하였다. 통제가 전혀 불가능한 상황에서도 어느 정도 통제할 수 있다고 판단하는 것이다.

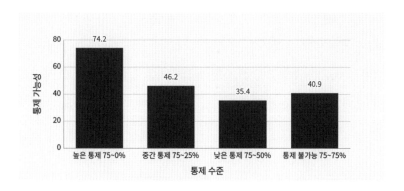

이러한 통제에 대한 착각은 경력이 쌓이면 더 강해지는 경향이 있다. 앞서 언급한 바와 같이 불안전하게 작업을 하거나 행동을 해도, 사고는 거의 발생하지 않고, 덜 불편하며, 더 빠르게 작업이 진행되고 일을 마칠 수 있기 때문에 불안전하게 작업을 하는 경우가 많다. 이렇게 작업을 5년에서 10년 동안 해 온 상태라면 "이렇게 작업을 해도 사고는 발생하지 않는다"라는 믿음은 매우 강해진다. 해당 기계나 장비에 대한 지식과 경험이 많다면 본인 장비에 대한 친숙함과 지식에서 비롯된 자신감과 효능감이 높아졌다고 볼 수 있을 것이다.

이런 상태에서는 통제에 대한 착각이 더욱 증가한다. 즉 경력이 쌓이면 실제로는 통제할 수 없는 돌발 상황이나 문제들에 대해 대처할 수 있다고 생각한다. 하지만 실제로 대처하지 못하는 경우들이 많다는 것을 알아야 하고, 이러한 착각이 대형 사고를 일으킬 수 있다는 것을 알아야 한다. 많은 기업에서 경력이 많은 사람들이 사고를 경험하는 경우가 종종 발생한다. 다른 사람들이 보기에는 작업에도 익숙하고 그동안 사고도 없었기 때문에 전혀 사고가 발생하지 않을 것이라고 생각할 수 있지만, 경력직들의 경우 통제에 대한 착각이 사고 발생에 영향을 미칠 수 있는 것이다.

아래 그래프는 한 기업 근로자들의 연령별 사고 발생 가능성(5점 만점)에 대한 평균 점수이다. 경력이 늘어나면서 사고 발생 가능성은 작아지는 것으로 나타났다. 이 상황에서 사고가 적게 발생한다고 생각하면, 오히려 불안전하게 작업할 가능성이 커진다. 그리고, 사고 발생 가능성도 커진다.

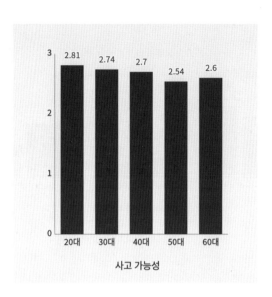

사고 가능성

이에 대한 실례로, 다음 그래프는 같은 제품을 생산하는 서로 다른 지역의 두 공장을 비교하고 있다. 임직원들의 사고발생 가능성에 대한 점수와 사고 경험을 조사했을 때, 사고 발생 가능성을 낮게 인식한 공장(A공장)의 임직원들이 직/간접적으로 사고를 경험한 빈도가 더 높은 것을 알 수 있다.

따라서 경력이 있는 능숙한 작업자라도 '돌발 상황에서도 대처할 수 있다', '나는 괜찮을 것이다', '사고는 나지 않는다'라는 생각보다는 언제든 돌발 상황이 발생할 수 있고, 사고는 나와 동료에게 '언제든지 발생할 수 있다'라고 생각하면서 작업할 필요가 있다.

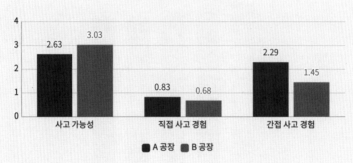

사고 가능성 인식과 사고 경험

4장

행동과학,
안전은 과학입니다

안전관리, 체계적인 자료가 필요하다

안전행동과학, 측정과 나아감
측정은 발전을 목적으로 한다
측정 자료로 개선점, 잘하고 있는 점을 파악해 더 나은 방법을 찾고 실행하도록 한다
구성원들이 이를 이해하고 안전 관찰에 대해 보다 적극적으로 참여할 수 있도록 하자

아마 모든 회사에서 생산성, 품질, 공정 관리를 할 것이다. 현업 부문
의 관리자들은 생산성, 공정 진척, 품질에 관심과 열의를 보이면서 관

련 자료를 거의 매일 수집한다. 이렇게 수집된 자료를 가지고 생산성, 공정, 품질의 수준에 대해 파악하고, 잘 진행되고 있는지, 목표는 달성할 수 있는지, 문제가 있는지를 확인한다. 그리고 문제가 있다면 문제 해결을 위한 계획을 구체화하고 실천한다. 이러한 자료 수집에 기반하여 평가, 계획, 실행을 통해 생산성, 품질, 공정 향상이 이뤄진다.

그렇다면 안전에 대해서는 어떻게 관리하고 있는가? 안전도 생산성 품질처럼 체계적으로 자료를 수집한다면 효과적이고 효율적인 안전관리가 가능할 것이다. 많은 기업이 사고빈도, 사고 심각성, 사고율이나 위험성 평가제도, 정기 점검, 특별 안전 점검 등을 통해 안전 수준이나 상태에 대한 자료를 수집하고 있다. 대부분이 장비나 기계, 상태에 대한 자료일 것이다. 이러한 자료뿐만 아니라, 사고의 주요 원인이 행동이라는 것을 고려하여 행동에 대한 자료를 체계적으로, 자주 측정해야 한다.

과학의 발전은 측정의 정확성을 통해 이뤄졌다. 대표적인 것이 현미경과 망원경이다. 망원경의 발전을 통해 우주에 대한 좀 더 정확한 관찰이 가능해졌고 우주과학이 발전하게 되었다. 현미경을 통해 우리가 눈으로 볼 수 없던 부분까지 볼 수 있게 되었고, 더 정확한 측정이 가능해져 많은 자연과학의 발전을 이뤄냈다. 근로자들의 행동도 잘 측정한다면 우리는 행동을 잘 관리할 수 있게 된다. 이러한 행동 관찰 자료와 장비, 도구, 작업장 상태에 대해 수집된 자료를 가지고, 안전하게 행동하고 있는지, 더 증진되어야 하는 부분은 어떤 부분인지, 안전 준수 행동이 잘 나타나고 있지 않다면 그 이유는 무엇이고, 그 행동을 개선하기 위해서는 어떤 도움이 필요한지를 파악할 수 있다. 그리고 지속적인 관찰과 측정을 바탕으로 얼마나 행동이 좋아졌는지, 지속적인 향상을 위해 해야 할 것은 무엇인지, 행동이 좋아졌을 때 사고는 얼마나 감소했는지를 파악할 수 있다.

그러나 일반적으로 근로자의 행동을 관찰한다고 하면 대부분 부정적인 반응을 보일 것이다. 근로자들은 대부분 관찰을 싫어한다. 관찰을 감독, 감시로 여기고, 감독과 감시는 대부분 부정적인 결과(경고, 질책, 벌금 등)를 가져온 경험이 있기 때문이다. 이러한 처벌의 역사는 관찰에 거부감을 준다.

하지만 스포츠 상황을 생각해 보자. 야구 선수나, 축구 선수들은 그들의 행동을 면밀하게 관찰하고 측정하는 것을 싫어하지 않는다. 그 이유는 이러한 관찰, 측정된 자료가 선수의 장점을 인정하고, 부족하고 보완해야 할 부분에 대해서는 조언과 코칭을 제공하는 근거로써, 선수의 발전을 목적으로 사용되기 때문이다. 선수들은 오히려 관찰과 측정을 하지 않는 것을 싫어할 것이다.

결국 관찰한 자료를 어떻게 활용하는지가 중요하다. 관찰이 처벌의 역사가 아닌 긍정적인 결과의 역사를 가질 수 있도록 바꾸는 것이 중요하다. 일부 회사에서는 근로자의 행동 관찰을 위해 Patrol(순찰)을 운영하기도 한다. 이러한 감시, 감독하는 듯한 관찰은 긍정적인 관찰이라고 하기 어렵다. 행동 관찰에 관리자, HSE 부서 직원 외에도 노조, 근로자 등 다양한 인원이 참여할 수 있도록 해야 하고, 관찰된 행동의 자료를 불안전 행동에 초점 맞추어 부정적인 방식으로 활용하기보다는, 안전 행동에 초점을 맞춰 긍정적인 방식으로 다루어야 한다. 추가로 고려해야 할 점은, 관찰에 대한 부정적인 역사를 단기간에 바꾸기 어렵다는 것이다. 필자의 경험으로는 적어도 3~4개월 이상 일관된 노력이 필요하다. 특히 직원들이 관찰의 목적과 취지를 이해하고 많이 참여할수록 관찰 자료의 질은 좋아지고, 부정적인 역사도 빠르게 변화할 수 있다.

행동과학적 접근 PIC/NIC

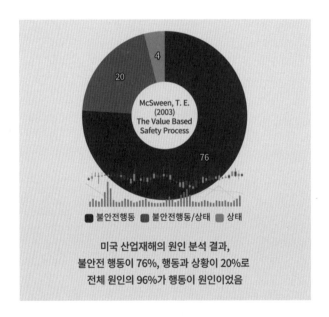

미국 산업재해의 원인 분석 결과,
불안전 행동이 76%, 행동과 상황이 20%로
전체 원인의 96%가 행동이 원인이었음

산업 재해의 원인은 다양하지만, 근로자의 불안전 행동이 재해 원인의

80% 이상을 차지한다. 이렇게 재해의 주요 원인이 근로자의 불안전 행동이라고 하면 일반적으로 근로자나 노조에서는 반기지 않는다. 산업 재해의 원인을 근로자 개인에게 책임을 전가하는 것으로 생각하기 때문이다. 하지만 사업장의 근로자가 산업 재해를 당하지 않도록 관리하는 책임은 경영진에게도 있다. 따라서 산업 재해 예방을 위해서는 경영진과 HSE 담당 부서, 현장관리자, 근로자 모두 안전한 행동을 위해 노력해야 한다.

교육을 정기적으로 시행하고, 많은 안전 표지판을 붙이고, 매뉴얼, 지침 등을 제공하지만 여전히 불안전 행동을 하는 이유는 무엇일까? 행동에 대한 체계적인 분석이 그 이유를 설명해줄 수 있을 것이다. 대표적인 분석 방법이 PIC/NIC 분석이다. 이 분석은 행동 전에 특정 행동을 촉구, 유발, 유도하는 선행자극(antecedent)과 행동 이후에 개인이 내적, 외적으로 경험하는 결과(consequence)를 체계적으로 분석하여 그 행동이 왜 발생하는지 혹은 발생하지 않는지를 분석하는 방법이다. 특히, 개인이 경험하는 행동의 결과를 3가지 차원으로 분석한다.

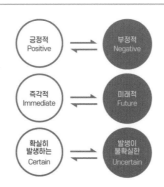

[행동발생 원리 이해, PICNIC Analysis]
어떤 행동들은 나쁘거나 혹은 비난 받는 다는 것을 알면서도 왜 멈출 수가 없을까?
PICNIC Analysis는 개인이 경험하는 행동의 결과를 3가지 차원으로 분석하는 기법

아래 표에는 안전 행동과 불안전 행동에 대한 PIC/NIC 분석 결과가
제시되어 있다. 한여름에 개인 보호 장비(안전모, 보안경, 안전화, 안전
복 등)를 착용하고 있는 작업자를 생각하며 이해해 보라. 안전 행동을
하게 하는 선행자극들은 많지만, 그 결과(개인이 경험하는 주관적인
결과)를 살펴보면 안전 행동은 불편함, 작업 지연, 생산 압력 등 부정적
인 결과가 즉각적으로 확실하게 오는(NIC) 경우가 많다. 반면 사고 예
방이라는 긍정적인 결과는 미래에 오는 불확실한 결과(PFU)이다(사고
에는 개인의 행동 외의 요인도 영향을 미칠 수도 있기 때문이다). 이에
비해 불안전 행동은 편함, 빠른 작업, 추가 휴식 시간, 그리고 빠른 작
업에 대한 관리자의 인정 등 즉각적이고 확실하며 긍정적인 결과(PIC)
를 가져오는 경우가 많으므로, 계속 유지된다. 특히, 불안전 행동을 했
을 때 나타나는 사고/재해와 같은 부정적인 결과는 먼 미래의 불확실
한 결과(NFU)이기 때문에 영향을 미치기 어렵다.

[안전 행동과 불안전 행동에 대한 PIC/NIC 분석 결과]

선행자극	행동	결과	P/N	I/F	C/U
안전 표지판		불편함	N	I	C
안전 교육	안전	작업 지연	N	I	C
안전관리자	행동	생산 압박	N	I	C
사고 경험, 목격 등		사고 미 발생	P	F	U
공정의 압박		편함	P	I	C
주변 사람들의 행동	불안전	빠른 작업	P	I	C
안전관리자의 부재	행동	관리자의 인정	P	I	C
관리자들의 무관심 등		사고/재해	N	F	U

* 분석 결과는 개인별로 다를 수 있음

이러한 분석 결과와 관련하여 미국의 안전 심리학(Handbook of Safety Psychology)의 저자인 Geller는 불안전 행동을 안전 행동으로 변화시키는 것을 "fighting with human nature", 인간 본성과의 싸움이라 표현하며 매우 어렵다고 지적했다.

그렇다면 불안전 행동을 안전 행동으로 바꾸기 위해서는 어떻게 해야 할까? 안전 행동을 했을 때, 불안전 행동에서 오는 긍정적인 결과를 상쇄시킬 수 있을 만큼 충분히 많은 긍정적인 결과를 제공하는 것이 필요하다. 물론 교육, 표지만, 매뉴얼 등이 필요하지만 이러한 방법만으로는 불안전 행동을 안전 행동으로 변화시키기 어렵다. 조직 내에 안전 행동에 대해 인정, 지지, 격려, 보상 등을 지속적으로 자주 제공해 줄 수 있는 체계적인 안전 행동 관리 프로그램이 필요하다.

안전 행동 변화 4단계:
안전의식은 없어져야 한다

안전 심리학자 Geller는 인간의 안전 행동 변화를 크게 4단계로 구분하였다. 무의식적 불안전 행동, 의식적 불안전 행동, 의식적 안전 행동, 마지막으로 무의식적 안전 행동이 그것이다.

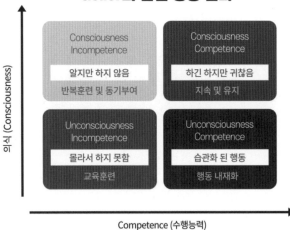

Geller의 안전 행동 변화

무의식적 불안전 행동은 어떤 행동이 안전한 것이고 불안전한 것인지에 대한 지식이 없는 경우에 발생한다. 안전 관련 매뉴얼이 없거나 기본적인 안전 교육이나 업무 관련 교육이 부족한 상황에서 발생하는 행동이다. 가장 대표적인 사례가 2016년 발생한 휴대폰 부품 하청 업체 직원들의 메탄올 중독 실명 사고다. 직원들은 메탄올이 위험하고 중독되면 어떤 건강상 위험이 발생하는지 몰랐고, 이를 알려주는 관리자도 없었고, 교육도 부족하였다. 매우 후진적인 상황에서 발생하는 행동이다. 이런 상황에서는 안전한 업무 수행을 위한 기본적인 교육과 훈련이 필요하다.

다음, 의식적 불안전 행동은 어떤 행동이 안전한 행동인지 알고 있고, 매뉴얼도 있고, 교육과 훈련을 받았음에도 불구하고 불안전하게 행동을 하는 경우이다. 불안전 행동이 편안함, 빠름, 인정과 같은 긍정적인 결과를 가져오고, 안전 행동이 불편함, 낮은 생산성, 질책과 같이 부정적인 결과가 올 때 발생한다. 아마 많은 조직에서 이러한 이유로 불안전 행동이 나타나고 있을 것이다.

다음으로 의식적 안전 행동은, 어떤 행동이 안전한 행동인지 알고 있고, 매뉴얼도 있고, 교육과 훈련을 받았으며, 안전 행동이 왜 중요하고 가치가 있는 것인지를 인식하면서 의식적으로 행동을 변화시키는 단계이다. 즉, 과거의 불안전 행동의 습관이 남아 있지만, 의식적으로 "안전 행동이 사고 예방에 중요하다. 번거롭더라도 이렇게 하는 것이 좋다"면서 안전 행동을 한다고 볼 수 있다.

마지막 무의식적 안전 행동은 안전 행동이 습관이 된 단계로, 누가 지시하거나 의식하지 않아도 자동으로 작업 과정에서 안전 절차와 규정을 준수하고, 개인 보호 장비 등을 착용하는 단계이다.

현재 근로자들의 불안전 행동 단계가 무의식적 불안전 행동 단계라고 한다면, 즉 can의 문제(모름, 할 수 없음)라면 교육과 훈련이 필요하다. 특히 단순한 정신 교육이 아닌, OJT나 공식 훈련을 통해 구체적인 업무 수행과정에서 필요한 훈련을 제공하는 것이 좋다. 하지만, 의식적 불안전 행동 단계라면 불안전 행동을 안전 행동으로 변화시키기 위해서는 동기적인 요인이 필요하다. can의 문제가 아닌 will의 문제(의지, 하지 않음)이기 때문에, 의식적 안전 행동을 위해서는 안전 행동을 하게 하는 동기가 필수적이다. 개인의 불안전 행동에 대한 구체적인 피드백과 함께 안전 행동의 가치와 의미가 제공되었을 때, "의식적인 불안전" 행동이 "의식적인 안전" 행동으로 변화할 수 있다. 이러한 의식적인 안전 행동이 무의식적인 안전 행동으로 변화하기 위해서는, 의식적 안전 행동이 지속되어야 한다. 이전 단계와 마찬가지로 행동 유지를 위한 동기 부여 시스템이 필요하다. 어떤 행동이 습관이 되기 위해 유지되어야 하는 기간은 학자별로 다양하지만, 중앙치(median)가 66일인 것으로 나타났다. 즉, 특정 행동이 2개월 이상 꾸준히 유지되었을 경우 습관화가 될 수 있다는 것이다. 하지만 안전 행동은 다른 행동들과 다르게 습관이 되기 더 어려운 행동이기 때문에 더 장기적인 관점에서 꾸준히 유지하도록 동기를 부여할 필요가 있다.

조직에서 근로자들의 안전 행동을 위해서 기본적으로 교육/훈련이 필요하다. 하지만 can의 문제가 아니고 동기, will의 문제라면 교육 훈련으로는 한계가 있다. 안전 행동에 대한 피드백과 안전 행동에 대한 긍정적인 결과를 제공할 수 있는 동기부여적인 안전관리 프로그램이 운영되었을 때 진정한 행동 개선이 가능하다. 법적 준수 사항을 넘어 능동적이고 자발적인 안전 행동이 가능한 프로그램을 개발하고 운영할 때 의식적 안전을 지나 무의식적 안전의 단계를 이룰 수 있게 된다.

행동변화 단계별 개선 전략 수립은 다르게

안전 심리학자 Geller의 안전 행동 변화 4단계는
무의식적 불안전 행동, 의식적 불안전 행동, 의식적 안전 행동,
마지막으로 무의식적 안전 행동이다
구성원이 어떤 단계의 안전 행동을 하는 지 살펴보자
안전 행동을 몰라서 못 하는 것인지(Can)
할 수 있는데 안 하는 것인지(Will)를 확인하고
그에 맞는 전략을 수립해야 한다

안전 모니터링: 안전 행동 증진을 위한 상호작용

상사의 모니터링은 직원들의 수행 정보를 얻을 수 있는 리더의 중요한 행동 중 하나로, 안전 분야의 실용적인 측면에서 관심을 가질 만한 주제이다. 모니터링 정보는 직원들의 안전 행동을 평가하는 주요 자료로 활용되고, 조직의 안전 전략에 대한 설계와 수정의 방향성을 제시해 준다. 따라서 직원들의 안전 행동 향상을 위해 상사들이 더 많은 정보를 얻는 것이 중요하다.

한편 상사가 어떤 방식으로 모니터링하여 직원들의 안전 행동 정보를 수집하는지는 직원들의 반응에 큰 영향을 미친다. 모니터링은 객관적으로 직무 수행에 대한 정보를 수집하는 것이지만, 또 다른 관점에서 모니터링은 '가까이에서 감시하는 것'과 같이 부정적인 의미를 가진 것으로 받아들여지기도 한다. 예를 들어, 상사들이 개별 직원들과의 지속적인 상호작용(예, 대화) 대신 "어깨 넘어 보는 것(look over their shoulder)"으로 직원 업무 태도를 평가하는 일은 비일비재하다. 개인적인 상호작용을 거의 하지 않는 상사의 경우, 직원들은 상사가 본인의 안전 수행 평가에 대한 충분한 정보를 가지지 않고 있다고 생각하며 상사를 신뢰하지 않게 된다.

상사의 모니터링 방식은 크게 관찰적 모니터링과 상호작용적 모니터링 두 가지로 구분할 수 있다. 먼저, 관찰적 모니터링은 직원이 일하고 있는 주위를 돌아다니거나, 가까이서 관찰하는 것이다. 예를 들어 안전 관련 업무를 부여하거나 문제가 발생했을 때 직원의 반응과 대처를 관찰할 수 있다. 이 경우에는 직원들과의 커뮤니케이션이 부족하기 때문에 정보의 제한이 있을 수 있다. 그렇다고 관찰적 모니터링이 부정적인 것만은 아니다. 상사가 직접적인 상호작용을 통해서만 수행 정보를 얻는 것은 비효과적이며, 직원들의 이야기만 듣는 것 외에 직원들의 수행을 관찰하여 평가하는 것도 필요하다. 직원들이 무슨 일을 어떻게 수행하는지 눈으로 관찰하는 것은 효과적인 상사의 업무를 위해 매우 중요한 일이다. 즉 관찰적 모니터링을 수행하는 상사를 직원들이 부정적으로 평가할 수는 있지만 이를 통해 얻은 정보 역시 안전에 대한 상사와 조직의 의사결정에 도움이 될 수 있다.

반면, 상호작용적 모니터링은 회의, 1:1 대화 등을 통해 직원들로부터 직접 정보를 얻는 것이다. 상호작용적 모니터링으로, 상사는 안전 업무분장, 절차, 업무처리 방식 등에 대한 직원의 기대, 의견, 피드백 그리고 관점에 대한 정보를 얻을 수 있다. 그리고 직원들은 상사의 기대나 요구에 대해 이해할 수 있고, 실수한 수행에 관해 설명할 수도 있다. 그리고, 알려지지 않은 안전 노력에 관해 이야기할 수 있으며 개인적인 걱정, 우려, 불만족을 다룰 수 있다는 장점이 있다. 이러한 상호작용적 모니터링을 하면, 직원들이 그들의 아이디어나 의견, 피드백 등을 상사에게 능동적으로 전달하기 때문에 직원들은 권한이 위임되어 있고 더 중요한 일을 하고 있다는 생각이 든다. 이에 따라 직원들은 상호작용적 모니터링을 관찰적 모니터링보다 더 긍정적으로 지각하게 된다. 그러나 상호작용적 모니터링은 시간과 노력이 더 많이 소요되고, 직원들이 상사에게 좋은 이미지를 남길 수 있는 정보를 선택적으로 제시할 수 있다는 단점이 있다.

상호작용적 모니터링은 안전 문화 증진에 매우 효과적이다.
직원들의 상사에 대한 신뢰를 높이기 때문이다.

두 가지 모니터링은 모두 긍정적이거나 부정적인 의미 모두를 가진다. 하지만 일반적으로 관찰적 모니터링보다는 상호작용적 모니터링을 하는 상사를 더 신뢰한 것으로 나타났다. 그리고 상사를 더 신뢰할 때 직원들의 혁신(아이디어 생성, 파급, 실행) 행동을 증가시키는 것으로 나타났다.

따라서 상사는 직원들의 안전 행동 관련 정보를 수집하기 위한 효과적인 상호작용 방법을 구축하고 열린 커뮤니케이션을 할 필요가 있다. 구체적으로, 상사는 직원과 일상적으로 안전한 작업 절차에 관해 논의하고 피드백을 제공하며, 작업에 문제가 있으면 해결 방법에 관해 이야기해야 한다. 더 나아가 조직에서는 상사들이 이러한 방법을 사용할 수 있도록 훈련을 제공하는 것이 필요하다.

그리고 상호작용적 모니터링은 안전에 대한 다양한 아이디어를 만들고, 파급 및 실행시키는 것을 도울 수 있다. 상사에 대한 직원들의 신뢰를 증가시켜, 새로운 의견을 제시하는 것에 대해 불안해하지 않기 때문이다. 또한, 적절한 의견이 아니더라도 이에 대한 부정적인 처치가 없을 것으로 생각하기 때문에 안전 제안에 더 편안함을 느낄 가능성이 크다.

아차 사고, 왜 보고하지 않을까?

아차 사고(near miss)는 대부분의 근로자와 관리자들이 아는 단어일 것이다. 아차 사고는 사고가 일어날 뻔 했지만, 직접적인 사고로 이어지지는 않은 상황을 말한다. '하마터면 큰일 날 뻔했던' 혹은 '아이고' 하면서 놀랐던 상황이라고 할 수 있다. 이러한 아차 사고가 자주 발생하고 있다면 이는 중대재해의 전조증상으로 각 기업에서는 이를 심각하게 고려해야 한다. 3장에 언급되었던 하인리히는 큰 사고가 나기 전에 작은 징조들이 있다고 하였고, 1(중대재해):30(중대사고):300(경미한 사고):3,000(아차 사고)의 비율을 제시하였다. 따라서 이러한 아차 사고들을 발굴하는 노력이 필요하다. 많은 근로자가 아차 사고를 보고할 수 있도록 하여 추후에 같거나 유사한 상황이 발생하지 않도록 대책을 마련하면 안전한 사업장을 만들 수 있다.

많은 기업이 아차 사고 보고제도나 아차 사고 발굴 활동 등을 운영하고 있다. 사고로 이어진 경우가 아니더라도 아차 사고가 일어난 자료를 활용하면 안전관리에 도움이 되는 많은 정보를 쉽게 얻을 수 있기 때문이다. 하지만 관련 활동들을 살펴보면 그 활동은 저조하거나, 형식적인 경우가 많다.

현장 바닥이 더럽거나 패어 있으면 사고 발생 위험성도 크다.
하지만, 이런 아차 사고는 자주 보고되지 않는다. 보고하는 방법을 몰라서일까?

왜 아차 사고 보고제도가 활성화되지 않을까? 일단 보고하는데 너무 많은 정보나 문서 작업을 요구하는 것이 한 원인일 수 있다. 아차 사고는 주로 근로자들이 경험하거나 발견한다. 그런데 이를 보고하는 데에 너무 오랜 시간이 걸리거나 그 과정이 귀찮다면, 아차 사고를 발견하거나 경험해도 보고하지 않을 가능성이 있다. 예를 들어, 생산 라인에 있는 근로자가 박스를 들고 현장을 걸어가다가 바닥이 패어 있어 넘어질 뻔했다고 생각해 보자. 회사에서는 아차 사고 보고를 장려하고, 사내 인트라넷이나 게시판 등 보고를 위한 창구를 만들어 놓았다. 그런데 근로자가 이를 보고하려면 일단 컴퓨터가 있는 사무실로 가야 하고, 접속해야 하고, 관련 정보들을(언제, 어디서, 왜, 원인 등) 입력해야 한다. 사진을 업로드해야 할 때도 있고, 심지어는 예방 대책까지 수립해서 조치한 후에 결과를 보고해야 하는 때도 있다(before-after). 한번 생각해 보자. 당신이 근로자라면 퇴근하기 전에 아차 사고 보고를 하고 갈까? 퇴근하기 전에 안 한다면 다음 날 와서 보고 할 것인가?

쉽게 이야기하면 아차 사고 보고가 상당히 번거롭고 귀찮으며, 내가 혹은 우리 팀이나 부서가 해야 할 일이 늘어나게 만들 수 있다. 물론 기업의 안전 문화 수준이 매우 높아 근로자들이 아차 사고 보고를 매우 가치 있고 의미 있게 여긴다면 요구되는 정보가 많더라도 충실히 작성하여 보고할 것이다. 하지만 개인의 입장에서 본다면 이는 쉽지 않다. 심리학에서는 반응 노력(response effort)이라는 개념이 있다. 즉 아무리 의미 있고 좋은 행동이라고 하더라도 그 행동을 하는 데에 너무 많은 시간, 노력 등의 자원이 소요되면, 그리고 심리적으로 다른 사람들에게 미안함을 느끼거나 부담을 준다고 생각하게 되면 그 행동은 하지 않을 가능성이 커진다. 따라서 아차 사고 보고 제도를 활성화하기 위해서는 보고 과정을 간단히 해야 한다. 추가적인 정보가 필요하다면 안전 부서 담당자가 현장에 가본다거나 아니면 그 직원에게 찾아가거나 추가적인 정보를 수집하는 것이 좋다.

두 번째는 보고를 했는데 이에 대한 피드백이 없는 경우이다. 근로자들이 내가 시간을 투자해서 아차 사고 보고를 하면 이에 대한 피드백이 제공되기를 원한다. 무엇보다, 보고해 준 행동, 즉 회사의 안전을 위해 노력한 것에 대해 감사의 표시를 하는 것이 필요하다. 조치가 된다면 대략 언제 가능한지, 그리고 조치 후에는 어떻게 조치가 되었고, 이러한 조치가 추후 어떤 사고를 예방하는 데 도움이 되었는지, 가치 기반의 피드백(value-based feedback)을 제공해야 한다. 노력에 반응이 없으면 그 노력은 사라지게 된다. 물론 큰 부상이나 재해로 연결될 수 있는 아차 사고를 보고하면 상품권이나 보상을 줄 수도 있지만, 피드백이 선행되는 것이 중요하다.

한 기업에서는 아차 사고를 포함하여 안전에 대한 사안들을 보고할 수 있는 단체대화방을 만들어서 사용하고 있었다. 간단하게 사진을 찍어서 올리거나 글로 올리면 담당자는 가장 먼저 안전에 대한 기여에 감사함을 표현하고, 조치한 후에 사진이나 글로 피드백을 준다. 그리고 이러한 사안들을 문서로 간략하게 정리하여 추후 안전관리 자료로 활용하고 있었다. 해당 사내에 아차 사고 보고를 위한 체계화된 시스템이 없는데도 제도가 오히려 더 활성화되었던 이유는, 보고 과정을 단순화하고 안전 노력에 대한 피드백을 제공했기 때문이었을 것이다.

5장

부정적 방식의 안전관리,
게임을 못 하게 하면
공부를 할까?

부정적 방식의 안전:
안전 표지는 몇 가지?

하지말라는 말에 안 할거라는 생각을 이제 내려둘 때도 되었다
게임을 안하면 공부를 시작하는 것이 아닌 것은 당연한 건데,
해야할 행동보다 하지 말라고 하는 일에 집중하고 있지 않은가?
하지 말라는 금지와 경고는 쉽고 편한 방식 이지만, 변화 또한 어려울 것이다
안전행동에 대한 흥미, 재미, 의미에 가치를 더할 수 있도록 시작해 보자

　수년 전 있었던 일이다. 신입사원이 들어와서 같이 현장을 순회 점검
하는데, 한참 현장을 바라보던 신입사원이 "학교에서는 안전보건표지

가 4가지(지시, 안내, 금지, 경고) 있다고 배웠는데, 우리 현장은 왜 2가지만 있나요?"라고 물었다.

그 순간 뭔가 한 대 얻어맞은 듯한 충격을 받았다. 우리 현장에는 금지 표지와 경고 표지뿐이었다. 그동안 우리는 하지 말라고 하는 부정적인 방식의 안전관리만을 배워 왔고 그렇게 해 왔다. 예를 들어 안전 통로를 만들어 놓았지만 안전하게 다닐 수 있는 통로를 더 확보하기보다는 '진입 금지', '출입 금지'를 표시하는 경우가 많았다. 공도구 사용도 적합한 기준보다는 부적합한 기준을 적용하여 사용 못 하게 하는 것이 일반적인 관리 방법이었다. 물론 모든 현장이 그렇지는 않을 것이다. 각종 안전 지식 공유 채널을 보면, 긍정적 방식의 안전관리를 하기 위한 다양한 노력을 볼 수 있다. 그러나, 아직도 부정적인 방식으로 안전관리를 하는 경우가 많은 것이 현실이다.

불안전한 것을 관리하는 이유는 불안전 행동의 패턴이 상대적으로 단순하기 때문에, 관리가 쉬워서였다. 약 10년간 안전관리를 하면서 매너리즘에 빠져서 내가 보지 못한 것을 신입사원이 깨우쳐 준 것이다.

현장, 공장, 사업장에 무언가 하려고 온 사람들에게 왜 이것저것 하지 말라고만 하고 있는지 생각해 볼 필요가 있다.

무엇을 하라고 하는 긍정적인 방식의 안전관리는 2장의 더하는 게임(+)과도 일맥상통한다. 무엇을 얼마만큼 했는가를 지표로 삼는다면 안전은 더하는 게임이 될 것이다.

무엇을 하라고 하는 것과 하지 말라고 하는 것의 차이는 작아 보이지만 큰 차이다. 긍정적 방식의 안전관리, 안전을 하라고 하자.

불안전 행동 vs. 안전 행동:
게임을 못 하게 하면 공부를 할까?

아들 녀석이 있는데, 게임에 빠져 있다. 아침에 일어나자마자 인터넷 게임 중계를 보고, 방과 후에는 가방을 내려놓자마자 게임을 한다.

부모 된 마음에 공부를 열심히 했으면 하여 책상도 좋은 것으로 바꿔 주었지만, 여전히 공부는 뒷전이다.

게임에 몰입 중인 아들을 보고 참다못해 한마디 한다. "게임 그만해."

이제 여러분의 과거를 떠올려 보자. 정확히 부모님이 게임을 그만하라고 했을 때의 우리로 돌아가 보자.

아마도 그 순간 혼나지 않기 위해 게임은 멈추었겠지만, 공부를 시작한 사람은 얼마 안 되리라 생각한다. 안전도 똑같다. 안전관리자는 현장에서 근로자에게 불안전한 행동을 하지 말라고 하고, 근로자는 불이익을 피하려고 불안전한 행동을 잠시 멈춘다. 당연하게도 불안전한 행동을 줄이면 분명 안전해지는 면이 있다. 하지만 현장 근로자에게 우리가 기대하는 것은 안전한 행동을 하는 것이며, 불안전한 행동을 하지 않는 것 이상이다.

그렇기에 불안전한 행동을 못 하게 하면 안전하게 행동하리라는 생각은 큰 오산이다.

게임을 못 하게 해도 공부는 하지 않았던 우리를 떠올리면 그저 자연스러운 일 아닌가.

아이들이 공부하기를 원한다면,
게임 그만하라고 하는 것과 공부하라고 하는 것 중 어떤 말이 더 적절할까?

이처럼 불안전한 행동을 억제하면 궁극적으로 원하는 행동으로 발전하지 못하고 최소한의 목표 행동만 하게 되는 것이 인간의 심리이다.

바람직한 안전 행동은 계속 바람직한 모습을 유지하도록 관리해 주어야 한다. 관리자의 인정과 칭찬이 그 힘이 될 것이며, 안전 행동을 하기 위한 구체적인 안전 수칙에 관한 교육 또한 병행해야 한다. 불안전한 행동 감소와 안전 행동 향상은 연장선상의 척도가 아니므로, 이 둘을 구분해서 접근할 필요가 있다.

그런데도 현장에서 부정적 방식이 많이 사용되는 이유는 부정성 편향(negativity bias)으로 설명할 수 있다. 부정성 편향이란, 긍정적 정보, 사건, 행동과 부정적 정보, 사건, 행동이 제시되었을 때 사람들은 부정적인 것에 더 주의가 많이 가고 빨리 반응하며 이에 대한 대처 행위도 더 강하고 빠르게 한다는 것이다. 심지어 인간의 뇌는 긍정적인 사건에 비해 부정적인 사건에 더 활성화되기도 한다.

그렇다면 왜 사람은 부정적인 것에 더 민감할까? 진화 심리학에서는 이를 생존의 문제로 보고 있다. 인간이 살아남는 데 있어서 좋은 것을 발견하고 이를 얻는 것도 도움이 되지만, 부정적인 것을 발견하고 이것을 없애는 것도 도움이 된다. 여기서 어떤 것이 더 생존에 영향력이 클까?

생존에는 부정적인 자극을 빨리 파악하고 이를 제거하거나 중지, 감소시키는 것이 더 효과적일 것이다. 이러한 진화론적 원리에 따라, 사람들은 부정적인 자극, 즉 불안전 행동에 더 민감하다. 그렇기에 불안전 행동이나 상태들을 관찰했을 때 관리자들에게서 좋은 말이나 행동이 나오기는 어렵다.

그렇다면 앞서 언급한 바와 같이 불안전 행동을 처벌했을 때 안전 행동이 증가한다는 보장이 있을까? 확실치 않다. 관리자가 보일 때만 그렇게 행동하거나 변명을 한다거나 다른 행동들이 나타날 수 있다. 반면 자주는 아니지만 가끔이라도 안전 행동을 한다면, 전체 과정 중 일부라도 안전하게 작업을 한다면, 그리고 이러한 행동을 조금씩 증가시킨다면 불안전 행동은 줄어들 수밖에 없다. 하루 중 공부하는 시간을 조금씩 늘려 간다면 자동으로 게임 시간은 줄어들 수밖에 없다.

안전관리에도 크게 두 가지 방식이 있다. 안전 행동을 증가시키는 접근법, 불안전 행동을 감소시키는 방법. 하지만 후자의 접근법만으로는 안전 목표 달성을 확신할 수 없다. 전자의 방식이 더딜 수는 있으나 우리가 원하는 안전 목표를 이룰 수 있는 확실한 방법이다. 그리고 전자의 방식에서 직원들은 더 긍정적인 경험을 더 많이 한다. 다시 말해, 우리가 어떤 행동에 초점을 맞추고 관리하는지에 따라 그 과정과 결과가 달라질 수 있다.

이전에 한 회사에서 현장관리자와 함께 근로자들의 행동을 독립적으로 관찰해 보았다. 현장에서는 안전 행동과 불안전 행동을 모두 확인할 수 있었지만, 관리자의 체크리스트에는 불안전 행동만 체크되어 있었다. 불안전 행동을 줄이는 데 초점을 맞추고 있으면 불안전 행동만 보인다. 이제는 기존과는 다른 프레임으로 접근해야 한다. 원하는 목표는 확실히 이루면서도, 과정 역시 즐거울 수 있는 방식에 대해 고민할 때이다.

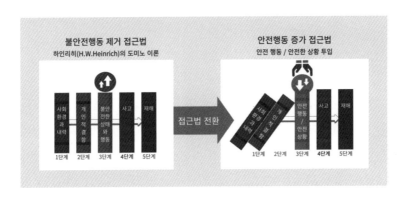

처벌과 안전 문화

우리나라의 교통문화는 과거보다 많이 성숙해졌다. 전 좌석 안전띠 의무화, 대형 차량 첨단 안전장치 장착 의무화, 도심 제한속도(안전속도 5030) 하향, 음주운전 처벌강화 외에도 교통 범칙금 인상을 시행하였고, 경찰도 적극적인 단속을 해왔다. 그리고 교통사고나 음주운전에 대한 다양한 방송 및 뉴스 등을 통해 운전자들의 인식 개선도 이루어졌고, 이러한 노력 덕분에 과거보다 교통사고로 인한 사망자가 많이 감소하였다. 구체적으로 사망자가 가장 많았던 1991년 13,429명에서 2017년 4,185명, 그리고 2018년 3,781명으로 약 4배가량 교통사고 사망자가 감소하였다.

일부 기업의 안전 담당자나 관리자들은 이러한 교통문화의 발전을 예로 들면서, 위험한 행동을 하거나 규정이나 안전 수칙을 위반하면 처벌이 필요하다고 주장한다. 이러한 주장이 틀린 것은 아니다. 기본적인 행동을, 특히 잘못되거나 위험한 행동을 중단시키거나 예방하기 위해서 처벌이 어느 정도 필요한 것은 사실이다. 하지만 처벌은 안전 행동을 유도하는 방안으로 사용되어야지, 처벌만을 목적으로 하는 것은 적절치 않다. 이는 처벌이 많은 문제점을 가지고 있기 때문이다.

때로는 처벌이 필요하다. 그러나 올바른 방법으로 사용되어야 한다.

우선, 불안전 행동이나 위반 행동을 예방하기 위해서는 처벌의 수준이 높아야 한다. 그리고 그 처벌이 일관되게 실행되어야 한다. 그렇지만 불가능한 때도 있다. 예를 들어 작업 일정상 오늘까지 작업 마감이 되어야 하는데, 혹은 특정 시간까지 작업 준비가 다 되어야 하는 상황에서 근로자들이 규칙을 위반한 것을 발견했다고 하자. 아마 대부분 작업을 중지시키고 규칙을 위반한 근로자 혹은 작업팀을 철수시키기 어러울 것이다. 처벌이 일관적으로 적용되지 않으면 처벌은 그 효력을 잃을 가능성이 크다. 그리고 근로자들은 안전관리자가 올 때만 안전하게 작업을 하거나, 불안전하게 작업하는 상황을 들키면 안전하게 작업을 하다가 잠깐만 이렇게 작업을 한 것이라고, 작업이 되려면 이렇게 할 수밖에 없다고, 현장을 모르고 실행하는 정책이라고 이야기할 수 있다. 또한, 그 후에는 처벌을 피하기 위한 도피/회피 행동이 증가할 수 있다. 일관적으로 처벌을 적용하기 위해서는 위험한 행동이 나타날 때마다 처벌해야 하고, 이를 위해서는 계속 옆에서 작업하는 것을 지켜보고 있어야 한다. 가능할 수도 있지만, 그렇지 않은 경우가 더 많을 것이다.

작업 중지나 퇴출 이외에 벌금을 부여하거나, 강한 질책, 벌점, 삼진 아웃, 추후 계약 연장에 대한 평가 반영 등 다양한 방법으로 처벌이 이루어질 수 있다. 하지만 이러한 처벌은 직원들의 공격성을 증가시킬 수 있다. 원숭이나 쥐들에게 전기충격을 가한 후 다시 우리에 넣으면 동료들을 물거나 공격하는 모습을 보인다. 근로자들에게 제공하는 처벌이 물리적 충격은 아니지만, 그와 비슷하게 부정적 감정을 유발하고, 이러한 부정적 감정은 공격성을 증가시킨다. 직접적으로 상사나 안전관리자를 공격하지 않더라도, 생산량을 줄이거나, 안전 프로그램에 방해행위를 하거나, 보급품을 훔치거나, 조직의 간접적인 재산을 훼손할 수도 있고, 가정에서 부정적인 감정을 해소하는 언어적, 신체적 폭력을 행할 수도 있다. 이러한 부정적 행동의 발생 외에, 긍정적인 행동을 억제할 가능성도 크다. 예를 들어, 회사에서 실시하는 다양한 안전 프로그램에 참여하지 않거나, 동료들의 참여를 방해할 수도 있다. 안전관리자나 상사들에 대한 부정적인 말을 하게 될 가능성이 커지고, 반복되면 불신의 씨앗이 될 가능성이 크다.

　일반적으로 처벌을 적용하면 효과가 있어 보인다. 그 문제 행동이 그 당시 혹은 일정 기간 발생하지 않기 때문이다. 하지만 처벌만으로는 우리가 원하는 안전 문화를 달성할 수 없다. 우리가 원하는 안전은 자발적이고 능동적인 준수이고, 더 나은 안전 환경과 작업을 위한 적극적인 노력이다. 안전 행동, 규칙 준수를 관리자가 있을 때만 수동적으로 하는 것은 원하지 않는다. 진정한 안전 문화 달성을 위해서는 안전 행동을 증가시킬 방안이나 프로그램을 모색해야 한다. 안전이 번거롭고 힘들고 귀찮지만 이러한 것들을 상쇄할 수 있는 흥미, 재미, 의미, 가치를 줄 수 있는 프로그램을 계획하고 실행할 필요가 있다.

사고조사보다 사건분석으로

　사고가 발생했을 때 개인이나 집단에 책임을 돌리거나 비난하는 것은 체계적인 안전관리 접근법에 부합하지 않는다. 대신, 부상이나 아차 사고 보고, 안전 개선 제안, 위험 상황 보고 등을 통해 사고에 영향을 미치는 다양한 원인에 대한 정보를 얻을 수 있어야 한다. 기존의 사고조사는 사고 예방에 필요한 충분한 정보를 제공하지 못한다. 우선, 우리가 일상적으로 사용하는 사고조사(accident investigation)라는 용어 자체가 부정적인 의미를 지닌다. 사전에서 사고는 "우연 혹은 의도치 않게 발생할 수 있는 사건(event)"으로 정의된다. 즉, 사고라는 단어는 우리의 '통제를 벗어났다는' 의미를 포함하고 있다. 반면, 조사라는 단어는 특정 사건에 책임을 질 사람이나 원인을 '찾는' 느낌을 준다.

　실제로 사고가 발생했을 때의 조사 과정을 생각해 본다면, 그 과정에는 위의 부정적 요소가 포함되어 있음을 알 수 있을 것이다. 사고조사가 불필요하다는 것은 아니다. 다만 가장 중요한 것은 유사한 사고가 발생하지 않도록 예방하는 것이다. 따라서, 사고조사보다는 사건분석(incident analysis)이라는 용어를 사용하는 것이 정보 수집의 궁극적인 목적에 더 적합하다고 할 수 있다.

분석이라는 단어는 한 가지 근본 원인보다는 다양한 원인을 찾을 수 있게 해 준다. 사고가 단 하나의 원인만으로 발생하는가? 그렇게 보일 수 있지만 실제로는 눈에 보이는 원인 뒤에는 다양한 원인(정책, 리더십, 물리적 환경, 안전 의식, 행동 등)이 영향을 미친다. 따라서, 표면상의 원인만 찾기보다는 심도 있는 분석이 필요하며, 조사가 아니라 '분석'이라 명명해야 한다.

조사에 중점을 두는 경우 직원들은 비난받거나 책임을 지게 될까 봐 대화하지 않으려 하기 때문에 사고에 대한 많은 정보를 얻을 수 없다. 반면, 사건 분석적으로 접근하는 경우 더 풍부한 대화가 가능해져서 사고 예방에 도움이 되는 정보를 얻을 가능성이 커진다.

사고조사는 주로 중대재해가 발생했을 때 실시하지만 사건분석은 작은 부상이나 아차 사고들, 개선 사항에 대한 분석이 포함되기 때문에 직원들이 안전 증진 과정에 더 많이 참여할 수 있고, 매일 이루어지기 때문에 일상적인 안전 활동이 더 활발하게 이루어질 수 있다.

조사를 통해 단일한 원인을 찾으면 보통 안전 보호 장비를 교체하거나, 새로운 장비를 주문하고, 직원을 재교육하거나 징계하게 된다. 이러한 제한적 해결 방안은 사고 예방에 충분하지 않다. 사건분석을 통해 여러 요인을 파악하여 좀 더 광범위한 변화를 시도하는, 체계적 접근법(systematic approach)이 사고 예방과 직원들의 안전 참여에 도움이 된다.

[사고조사와 사건분석의 비교]

사고조사 (accident investigation)	사건분석 (incident analysis)
· 사고 조사 전문가가 조사	· 안전팀이 분석
· 수동적: 심각한 부상 조사	· 능동적: 아차 사고, 개선 사항 등 사례 분석
· 잘못된 점 찾기	
· 하나의 원인 혹은 대상 찾기	· 사실 찾기
· 개별적 접근법	· 많은 기여 요인들 찾기
· 실패 회피	· 시스템적 접근
· 대화 억압	· 성공 달성
· 환경 수정 관리	· 대화 장려
· 행동에 대한 처벌적 관리	· 근로자 주도 환경 변화 권장
· 제한적 해결 방안 적용	· 근로자 행동 변화 장려
· 부상 빈도나 사고율에 근거한 안전 평가	· 넓은 범위의 해결 방안 적용
	· 직원 참여에 근거한 안전 평가

6장

심리학으로
마음을 사로잡는
안전 표지판 만들기

촉구 자극: 현장에서 가장 효과적인 안전 메시지

마음을 움직이는 그 곳에서 안전의 변화를 시작하라

현장에서 효과적으로 변화를 이끌어 내는 방법은 무엇일까?
- 구체적 행동으로 행동이 일어나는 시점 직전에 요청하는 것
- 선한 목적을 담고, 참여 구성원에게 제공하는 즉각적, 직접적 혜택을 줄 것
- 모두를 위한 안전 표지판에나 구호를 만드는 작업에 개인이 참여하는 활동을 할 것

　많은 사업장에서 다양한 안전 표지판(포스터, 사인 등)이 사용되고 있다. 법적으로 요구되는 것도 있지만, 사업체 자체적으로도 많이 제

작하여 부착한다. 이러한 표지판의 목적은 특정 행동을 하도록 하거나 혹은 하지 않게 하는 것이다.

표지판의 내용을 보면 "안전이 최우선"과 같은 일반적인 내용이 제시 되기도 하지만 "이 구역에서는 귀마개를 착용해야 합니다."처럼 구체 적인 행동으로 제시되기도 한다. 특정 행동을 금지하는 내용, 예를 들 어 "뛰지 마시오", "금연 구역" 등도 있고, 반대로 특정 행동을 요구/허 락하는 내용, "걸어가세요", "흡연 구역"도 있다. "보호경 착용: 강한 빛 에 실명할 수 있습니다."처럼 행동의 결과를 제시하는 경우도 있지만, "보호경 착용"과 같이 행동만 제시하는 경우도 있다.

이러한 다양한 표지판의 내용 중 가장 효과적인 표지판은 어떤 것일 까? 우리가 설치한 표지판이 과연 효과적으로 행동에 영향을 미치고 있는 것일까? 응용 행동 분석(applied behavior analysis)에서는 이런 다양한 표지판들을 촉구(prompt)라고 부른다. 설명하자면, 특정 행동 전에 행동의 발생 가능성에 영향을 미치는 자극들이다.

촉구 자극들의 효과성에 관한 연구들이 일부 이루어져 왔다. 한 연구 에서는 식료품 가게에 들어오는 고객들에게 쓰레기 버리는 것과 관련 된 세 종류의 전단지를 다음과 같이 만들어서 제공하고, 고객들이 어디 에 쓰레기를 버리는지 관찰하였다.

1) 일반적인 메시지의 전단지: 쓰레기를 아무 데나 버리지 마세요. 쓰레기통에 버려주세요

2) 구체적 행동을 요구한 메시지 전단지: 가게 입구 근처 초록색 쓰 레기통에 버려주세요

3) 환경 보호 메시지가 없는 일반 상품 전단지

그 결과 일반적인 메시지의 전단지는 환경 보호 메시지가 없는 일반 상품 전단지보다 더 효과적이지 않았다. 모호하고 일반적인 내용의 문구는 효과가 없는 것이다. 하지만 구체적인 행동 메시지를 받은 사람들은 가게에 쓰레기를 덜 버렸고, 전단지의 20~30%도 초록색 쓰레기통에 버려졌다.

연구진은 수 주 동안 다양한 식료품점에서 다양한 방법으로 실험을 반복했고, 유사한 결과들이 도출되었다. 그리고 "재활용이 가능하도록 초록색 쓰레기통에 버려주세요. 부탁드립니다."와 같이 그 행동을 해야 하는 이유, 행동의 결과를 추가한 전단지를 제공했을 때 가장 효과가 좋았다. 또한, 영화관에서도 재활용할 수 있는 제품에 대한 구매 유도에서도 유사한 연구 결과가 반복적으로 도출되었다.

이 연구 결과들은 모호하고 추상적이며 일반적인 안전 표지판보다는 구체적인 행동을 제시하는 메시지가 포함된 표지판이 더 효과적이고, 가능하면 왜 그 행동을 해야 하는지, 합리적인 이유를 제공해 주는 것의 필요성을 시사한다. 다만, 메시지의 내용이 너무 많으면 혹은 글이 많으면 사람들이 지나가면서 한 번에 그 내용을 파악할 수 없기 때문에 행동에 전혀 영향을 미치지 못한다. 이러한 점들을 고려하여 포스터를 만들 필요가 있다.

추가적으로, 반복적으로 발생하는 사건이나 자극에 인간은 점차 반응하지 않게 된다(자극 둔감화/습관화). 이는 달팽이와 같은 초기 신경 시스템을 가진 동물들에게도 나타나고 고양이에게서도 나타나는 현상이다. 경고음도 계속 듣다 보면 그에 대한 주의나 반응이 약해진다. 따라서, 같은 내용이나 그림의 포스터를 한자리에 오랫동안 걸어두기보다는 종종 교체하는 것이 필요하다. 다시 말해, 자연적으로 발생하는 습관화를 이해하고, 이를 예방하기 위한 노력이 필요하다.

습관화:
안전벨트를 매면 와이파이가 공짜

앞서 언급했지만, 일반적으로 표지판, 포스터가 행동에 미치는 효과
는 상대적으로 짧다. 아무리 강력한 표어나, 포스터(매우 혐오적인)라
도 효과는 길지 않다. 그 이유는 습관화(habituation) 때문이다. 이는
진화론적 관점과 일치한다. 인간이 반복되는 자극이나 유사한 자극에
일일이 인지적, 정서적인 에너지를 할애한다면 이것은 에너지와 시간
낭비가 될 것이다. 예를 들어 회사에 입사했을 때 처음 들리는 기계음
이나 방송 소리, 경고음, 자동차나 지게차 소리에는 주의가 많이 가고,
일을 집중해서 하는 데 방해될 것이다. 소리가 계속되어도 익숙해지지
않는다면, 일의 효율을 잃은 채로 직장생활을 계속해야만 할 것이다.
반면에 이러한 자극들을 계속해서 경험할 때 습관화가 일어나면, 이러
한 소리는 작업에 방해되지 않는 배경음이 된다.

다시 말해, 인간은 기본적으로 주어진 환경에서 지속해서 생존 가능

성을 높이는 방식으로 진화했기 때문에 사소하거나 반복적인 자극에 에너지와 시간을 낭비하는 것을 줄이고 새롭고 중요한 자극에 에너지와 시간을 투자하게 된다.

표지판이나 표어에서 요구하는 행동을 했을 때 적절한 결과(consequence)가 제공되지 않으면 표지판이나 표어에 대한 습관화는 더 잘 일어난다. 우리는 과속 금지라는 표어를 운전하다가 자주 보지만, 과속하더라도 벌금이나 벌점이 부과되지 않거나, 규정 속도로 운전했을 때 운전자에게 어떤 이익도 오지 않는다면 계속해서 과속할 가능성이 큰 것으로 설명할 수 있다. 습관화된 표지판이나 표어는 더는 우리의 행동에 영향을 주지 않는다.

가장 대표적인 것이 안전벨트이다. 1980년대의 미국에서는 안전벨트를 매지 않아도 차에서 아무런 소리가 나지 않았다. 안전벨트에 중요성에 대해 방송에서 아무리 광고를 해도 지켜지지 않았고 주차장 바로 앞에 안전벨트 착용 표지판이 있어도 금방 잊었다. 지금은 어떤가? 거의 모든 운전자는 안전벨트를 맨다. 안전벨트를 매지 않으면 소리가 난다. 안전벨트를 매면 소음의 제거라는 결과가 바로 나오기 때문에 다들 안전벨트를 매는 것이다. 안전벨트 미착용 시 차에서 소리가 나는 이 당연한 기능은, 오래전의 심리학적 연구로부터 아이디어를 얻어서 생긴 것이다.

다양한 아이디어를 통해 안전 표지판에서 요청하는 행동을 하면 긍정적인 결과를 얻을 수 있다. 택시의 뒷좌석을 이용할 때도 안전을 위해 안전벨트를 착용해야 하지만, 현실적으로는 거의 지켜지지 않는다. 브라질의 경우 택시 승객의 안전벨트 미착용률이 92%나 되었다. 각종 광고와 표지판에도 별 반응이 없던 브라질 승객들을 움직이게 한 것은 '안전벨트를 매면 무료 와이파이가 연결된다'는 작은 안내문이었다. 관찰 결과 해당 택시에 탑승한 승객 약 4,500명 모두 안전벨트를 착용했다. 나에게 일어나지 않을 일이라 생각되는 경고보다는, 긍정적인 결과를 제공하는 것이 행동을 변화시킨 것이다.

경기도 시화공단의 한 공장에서도 유사한 사례가 있었다. 공단에서는 수차례 불산 누출 사고가 발생하였는데, 당시 설계를 맡은 디자인연구소는 대부분의 사고가 작업을 마친 뒤 밸브 등을 제대로 잠그지 않아 발생했음을 확인했다. 이에 유독물질 배관 밸브를 완전히 잠그면 발광다이오드(LED) 불빛이 켜져 웃는 얼굴 모양이 나오도록 밸브를 다시 디자인했다. 잠금 상태의 확인이 더 쉬워졌고 결과가 즉각적으로 제공되니 근로자들은 안전 수칙을 훨씬 더 잘 준수하였다. 꼭 지켜야 하는 안전 행동의 경우 적절한 결과를 제공할 방법을 생각해 낸다면 안전 표지판의 효과는 습관화를 넘어 더 극대화될 수 있다.

참여: 약속이 만드는 안전한 공간

안전 표지판이나 구호가 더 효과적으로 행동을 변화시키기 위한 방법 중 하나는 주인의식과 책임감을 증진하는 것이다. 근로자나 관리자들은 안전 증진을 위한 노력에 참여하거나 몰입할 때 안전 증진을 위한 행동을 할 가능성이 커진다.

가장 대표적인 사례가 "안전 약속 카드(safety promise card)"이다. 미국에서 안전벨트 착용이 법제화되기 전인 1980년도 중반에, 안전벨트의 착용 비율은 15% 이하였다. 하지만 이 시기에, General

스스로 안전에 관해 약속하는 활동은 안전 행동 증가에 매우 효과적이다.

Motors, Ford, Corning Glass, Burroughs Welcome이라는 기업들은 기업 차량이나 개인 차량의 안전벨트 착용 비율이 30%가 넘었다. 위의 기업들은 안전 관련 사내 강의와 집단 토의 이후에 "Buckle-up Promise Card"를 작성하고 있었다. 단순히 안전벨트를 착용하라는 표지판을 제시하는 것을 넘어 근로자 스스로 행동에 대해 실천하겠다는 약속을 하고, 관련 프로그램에 참여하는 경우 안전 행동을 더 많이 하였다.

유사한 예로, 미국의 Virginia Tech 대학 전체 구성원들을 대상으로 한 "The Safety STAR Promise"가 있다. 11,556명의 참가자에게 교통안전에 대한 카드를 배포하였고, 20%인 약 2,322명이 참가하였다. 적용 결과 횡단보도를 이용해 도로를 건너는 비율이 58%에서 68%로 증가하였고, 횡단보도에서 멈추고 양보하는 차량은 23%에서 41%로 증가하였으며, 1년 후에도 53%까지 향상, 유지되었다.

다른 예로, 택배나 화물 운송 차량 뒤편에 운전자의 사진, 연락처 그리고 회사 로고가 붙어 있으면 운전자들이 안전하게 운전할 가능성이 증가한다. 본인의 운전 행동이 평가받는다는 것을 넘어서 이러한 표시가 책임감을 증가시키기 때문이다. 요즘은 식품에도 생산일, 공장, 생산을 담당한 직원의 이름이 표기된 경우가 많다. 이 또한 생산자의 책임감과 주인의식을 증가시키는 방법이다.

일부 해외 기업에서는 사내에서 사용하는 중장비나 차량에 안전하게 운전하고 점검을 잘하겠다는 표어를 붙이고 그 밑에 그 중장비나 차량을 주로 운전하는 직원들의 이름을 붙여 놓는다. 다른 기업들은 꼭 지켜야 할 안전 행동들을 적고, 이를 지키겠다는 안전 약속 카드에 직원들이 서명하여 이 안전 약속 카드들을 부서 벽면에 전시하기도 한다. 본인들이 참여하고 서명한 카드를 보면 안전 수칙을 지킬 가능성이 커진다.

안전 약속 카드 작성 시 고려 사항

● 안전 약속 카드에 들어갈 행동은 구체적으로 정의해야 한다.
● 소수의 핵심 행동을 선정하여 작성한다.
● 안전 약속 카드에 들어갈 행동은 각 부서의 관리자들과
　직원들이 회의를 통해 결정한다.
● 구체적인 기간을 설정하는 것이 좋다.
　너무 길게 잡는 대신 현실적으로 가능한 기간을 선정한다.
● 다수가 참여하면 좋지만, 강요보다 자발적 참여를 유도한다.
● 개인이 안전에 몰입한다는 약속이지, 회사와의 계약이 되어
　서는 안 된다.
● 약속한 행동을 지키지 않는다고 처벌/비판을 해서는 안 된다.
● 자주 상기할 수 있도록 약속 카드는 본인의 책상에 붙이거나
　부서 벽면에 붙이는 것이 좋다.

약속합니다

시간과 장소: 행동이 일어나기 직전, 그 공간에서 전달하는 메시지의 힘

안전 표지판이나 구호가 변하지 않는다면, 보통 사람들은 표지판을 단 초기에는 몇 번 보지만 시간이 지날수록 주의를 끌기 어려워진다. 지각 심리학적으로 설명하자면, 사람의 주의(attention)를 끄는 자극은 전경이 되고 그렇지 않으면 이는 배경이 된다. 주의가 가지 않으면 정보처리가 일어나지 않고, 정보처리가 일어나지 않으면 기억에 남지 않게 된다. 즉, 아무리 표지판이 많아도 주의가 가지 않으면 즉 배경이 되면 그것을 기억하기 힘들고, 사람들의 행동에 영향을 미치기 어렵게 된다. 우리가 매일 주변의 많은 간판이나 광고를 보지만 기억에 남지 않은 것을 생각해 보면 알 수 있다.

따라서 표지판이나 슬로건의 메시지를 다양하게 할 필요가 있다. 메시지 내용이나 디자인이 변하면 더 눈에 띈다. 특히 인간은 자극과 상황의 변화에 민감하게 반응한다. 진화론의 관점에서 이는, 환경에 효율적이고 효과적으로 적응하려면 변화하지 않은 것보다 변화한 것에 더 민감해야 하기 때문이다.

자주,
다양한 방법으로 메시지를 전달하면,
사람들은 그 메시지를 더 잘 기억한다
안전 행동에 대한 긍정적인 메세지 뿐 아니라
메세지를 지속적으로 노출할 수 있는
장소에 대해서도 고민해 보자

어떤 기업의 남자 화장실에 가 보면, 소변기 위에 일종의 작은 모니터 혹은 태블릿이 설치되어 있다. 기업은 이 모니터를 통해 다양한 메시지를 전달한다. 주기를 두고 메시지 내용이나 전달 사항들을 변경하며 보여 주면, 사람들은 더 많이 보게 되고 이는 행동에 영향을 미칠 가능성이 더 커진다. 가능하다면, 직원들이 참여하여 만든 문구나 표어를 활용해 더 큰 효과를 기대할 수 있다. 본인이나 동료가 만든 안전 문구나 표어가 제시되면 주인의식과 책임감이 조금이라도 더 증진될 수 있기 때문이다.

또한, 표지판이 가장 효과적일 때는 목표 행동이 일어나는 시간과 장소에서 가까울 때이다. 대형 식료품 가게에서의 재활용 캔 사용 증진을 위한 연구가 있었다. "재활용 음료수 캔"을 구매해 달라는 전단지를 마트 입구와 음료수를 고르는 장소에서 각각 나눠 주었다. 그 결과, 음료수를 고르는 장소 앞에서 전단지를 나눠 준 경우에 사람들이 더 많이 재활용 음료수 캔을 구매한 것으로 나타났다. 비슷하게, 비행기에서 안전벨트를 착용해 달라는 멘트는 비행 관련 안내 설명을 시작할 때보다 출발 바로 직전에 하는 것이 더 효과적이다.

TV에서 하는 공익광고나 안전 캠페인도 비슷한 이유로 효과가 작거나 없을 가능성이 크다. 한 학자는 두 케이블 TV를 시청하는 지역에서 TV "안전벨트 사용" 메시지의 효과를 검증하였다. 한 케이블 TV에서는 9개월 동안 총 943회의 안전벨트 메시지를 제공하였고, 다른 지역의 케이블 TV에서는 메시지를 전혀 제공하지 않았다. 각 지역에서 체계적인 관찰을 하면서 안전벨트 사용 비율을 확인하였는데, 안전벨트 사용 메시지를 송출한 지역의 경우 남성의 8.4%, 여성의 11.3%가 벨트를 착용하였으며, 송출되지 않은 지역의 경우에는 남성이 8.2%, 여성이 10.3%로 벨트를 착용하였다. 따라서, 안전벨트 TV 광고는 거의 효과가 없는 것으로 나타났다. 집에서 TV로 안전벨트 사용 메시지를 시청하더라도 운전을 하는 시간과 장소의 차이가 크기 때문에 행동 변화에 영향을 미치기 어려웠기 때문이었을 것으로 해석된다. 물론 1%의 차이를 크게 생각할 수도 있지만, TV 광고에 투자되는 금액을 고려했을 때 효율성 측면에서는 효과가 낮다고 할 수 있다.

메시지를 다양하게 하면서 행동이 일어나는 시간과 장소에 표지판을 두는 것은 쉽지 않을 수 있다. 다만, 동료나 관리자들이 작업 직전에 안전 관련 메시지를 제시하는 방법으로 조금 더 효과적인 행동 변화를 얻을 수 있을 것이다.

행동 변화를 위한 메시지는
일이 일어나기 직전에 전달 할 때
가장 효과적이다
슈퍼마켓에서 나눠 준 전단지
비행기 탑승 전 안전벨트
현관 앞을 나서기 전 우산 챙기기

나와 함께 일하는 동료에게 필요한
오늘의 안전 메세지는 무엇일까?

7장

안전 관찰,
관리하기 위해서는
측정이 필요하다

안전 관찰이 필요한 이유

우리현장소식~

안전 관찰과 격려가 만드는 현장의 변화 체험하기

현장의 변화는 관찰에서 출발하자.

간혹 오해가 생길 수 있으니 관찰에 대해서는 알리고, 소통의 과정 또한 거쳐야 한다

안전 관찰에 참여 하는 당사자는 스스로 안전의 중요성을 깨닫게 될 것이며,

현장에는 관찰에 대해 알리는 것만으로도 많은 안전 관련 활동이 시작될 것이다

우문현답(愚問賢答)이라는 사자성어가 있다. 원래는 어리석은 질문을 받고 현명하게 답한다는 의미이지만, 현장에 계신 분들에게는 "**우리**

조직의 **문제**는 **현장**에 **답**이 있다."의 줄임말로 쓰인다. 조직이나 부서, 팀의 안전관리를 위해서는 현장 안전에 대한 자료를 확보하는 것이 중요하다. 특히 사고의 주요 원인이 불안전 행동인 만큼, 근로자들의 행동에 대한 자료를 수집, 관리하는 것이 필요하다. 이러한 근로자의 행동에 대한 자료를 수집할 수 있는 방법이 현장 모니터링 즉 관찰이다.

현장 인원들은 동료나 부하직원 혹은 다른 부서의 직원들을 관찰하는 것을 감시하는 것이라 느낄 때가 많다. 지금까지 관찰 후에는 질책, 비난, 경고, 대처 전략 수립(문서 작업), 추가적인 업무, 혹은 과징금 등이 결과로 따라오는 경우가 많았을 것이다. 다시 말해, 관찰은 처벌의 역사(history of punishment)를 가지고 있다.

또한, 측정의 대상이 되는 요소도 대부분 부정적인 경우가 많다. 예를 들면, 불안전 행동, 실수, 결함, 사고, 낭비 같은 것들이 있다. 사람들은 누군가가 자신이 한 실수의 수를 센다고 하면 당연히 싫어하기 마련이다. 현장에서는 관찰자로서의 역할을 부여하면 다들 부담스러워하고, 관찰자로 자발적으로 참여하는 것을 꺼린다. 관찰당하는 것 역시 꺼리고 거부하기도 한다. 노조에서도 이를 달갑게 생각하지 않는 경우가 많다.

하지만, 안전 관찰은 안전 증진에 있어 꼭 필요한 과정이다. 4장에서 설명한 스포츠 선수들의 예시처럼, 관찰 자료를 잘 활용하면 관찰 대상의 발전에 큰 도움을 줄 수 있기 때문이다. 이 점을 잘 이해한다면, 그리고 관찰 이후에 긍정적인 반응을 계속 경험한다면, 사람들은 관찰을 더는 불편한 것으로 생각하지 않을 것이다. 우리가 취미로 볼링을 치러 갈 때로 예를 들어 보자. 자동으로 내 점수가 측정되고 누적되는데도, 사람들은 볼링을 하면서 점수가 나오는 것을 싫어하지는 않는다. 점수가 낮다고 혼내거나 질책하는 사람보다는, 더 좋은 점수를 위해 필요한 행동이나 기술들을 알려주고 점수가 오르면 칭찬해 주는 사람이 더 많기 때문이다. 행동에 대한 관찰이나 측정이 나에게 도움이 되고 이익이 되는 것이라 인식하는 것은 매우 중요하다.

볼링 점수가 측정되는 것은 당연하다.
측정하지 않는다면, 나의 실력이 어느 정도이고 얼마나 나아졌는지 알지 못할 것이다.

만일 측정하지 않는다면, 행동이 더 좋아졌다, 더 나빠졌다, 예전과 똑같다는 등의 평가를 할 수 없다. 현 상태와 원인을 파악할 수 없으니 개선을 위한 계획과 실행도 없다. 측정하지 않는 상황에서 무언가 향상되었다고 한다면, 합리적인 계획과 평가보다는 우연에 의한 결과일 것이다. 안전관리 프로그램의 효과를 최대화하는 요인은 안전에 대한

정기적 관찰이다. 많은 연구에서 현장에 방문하여 작업 상황을 모니터
링하고 안전 활동에 적절한 피드백을 주는 것이 근로자들의 안전 활동
의 향상을 위해 관리자들이 해야 할 가장 중요한 활동이라고 말한다.
근로자와 관리자들의 안전에 대한 관찰 행동은 관찰자 본인들의 안전
활동 향상에도 효과적이다. 현장 관찰은 안전 행동에 대한 측정을 통
해 자료를 수집하는 것을 넘어 안전 향상에 많은 도움을 주는, 필수 요
인임을 기억해야 한다.

안전 관찰과 격려가 만드는
현장의 변화

앞에서 이야기했듯, 안전관리를 위해 현장 안전 관찰은 필수이다. 빈번한 현장 관찰은 안전 향상에 다양하게 기여한다. 관찰의 효과를 요약하면 다음과 같다.

- 관찰자 본인의 안전과 관련된 행동 증가
- 더 많은 위험 요소 인식
- 안전 행동·조건의 목표 설정을 위한 사전 수준 측정
- 안전 관련 관찰, 안전 토론 활동 증가
- 안전 행동에 대한 긍정적 피드백, 인정, 보상 제공 가능
- 불안전 행동에 대한 교정적 피드백 제공 가능

현장 관찰 과정의 대표적인 이점 가운데 하나는 관찰을 실행하는 근로자나 관리자 스스로가 더욱 안전하게 일하는 법을 알 수 있다는 점이다. 관찰을 하는 사람들은 자신의 안전 관련 행동에 대해 직접 피드백을 받지 않더라도 스스로 관찰 체크리스트에 있는 안전 행동을 할 가능성이 크다. 관찰하는 동안 자연스럽게 안전 행동/상태에 대한 판단 기준을 알게 되고, 이러한 경험들은 관찰자 본인의 작업에 영향을 미치기 때문이다. 게다가 안전 관찰을 통해 근로자들은 작업장에 있는 위험 요소를 확인하는 방법을 배운다. 따라서 근로자 스스로 자신들이 왜 더욱 안전하게 일해야 하는지를 알 수 있게 된다.

그리고 관찰 과정을 통해 회사에서 실시하는 안전관리 프로그램, 교육/훈련의 성공 여부를 측정할 수 있다. 안전과 관련된 행동/상태 자료를 수집함으로써, 안전관리 프로그램이 성공적으로 진행되고 있는지 파악할 수 있다. 안전관리 프로그램 도입 이후 근로자들의 안전 행동/상태가 증가하고 있다면 이 프로그램은 성공적이지만, 안전 행동/상태에 변화가 없거나 감소한다면 프로그램에 문제가 있거나 실행 차원에서 문제가 있었다는 것을 의미한다. 여기서 사용하는 관찰 자료는 사고 관련 자료와는 다르다. 사고 빈도나 비율은 안전/불안전 작업의 결과물을 측정하는 지표이다. 그렇지만 관찰 절차는 누군가가 상해를 입는 결과가 있기 전에, 근로자들이나 관리자들이 능동적으로 그들의 작업 현장 상황을 살펴보게 한다. 사고의 원인이 되는 불안전 행동이 어느 정도 되는지를 파악할 수 있으므로, 결과보다는 과정에 더 초점을 맞춘 방법이라고 할 수 있다.

안전 관찰은 구체적인 안전 향상 노력의 효과도 평가할 수 있게 해 준다. 관찰 자료를 통해 안전 행동이 얼마나 증가했는지, 위험 요소들이 얼마나 감소했는지를 파악할 수 있다. 안전 증진 캠페인이나 프로그램에도 관찰은 의미 있는 정보를 제공한다. 예를 들어, 만약 회사가 허리 부상 예방 캠페인을 한다면, 관찰 절차로 근로자들이 물건을 안전하게 들어 올리는지 아닌지에 관한 자료를 모을 수 있다. 또한, 안전 관찰은 작업 활동에서 문제가 발생할 수 있는 부서나 현장을 사전에 확인할 수 있도록 해 준다. 관찰자의 의견을 받아, 부상 예방 목적으로 허리 안전에 대한 프로그램이 필요함을 제안할 수도 있다.

수집된 안전 자료가 있으면, 그에 따른 현실적인 목표가 생긴다. 목표에 맞춘 계획을 수립할 수 있고, 그 계획에 따라가다 보면 어느새 안전은 먼 이야기가 아닐 것이다.

이외에도, 관찰 자료를 바탕으로 근로자들이 얼마나 안전하게 행동하고 있는지에 대한 피드백을 제공할 수 있다. 작업 중에 안전과 관련된 행동에 대한 구체적 피드백을 제공하는 것은 아주 중요한 일이다.

관찰 절차는 그러한 피드백을 규칙적으로 제공할 기회와 그에 필요한 정보를 제공한다. 그리고 관찰 절차를 통해 개선이 필요한 안전 행동에 대한 자료 확보가 가능하다. 그 자료를 바탕으로 근로자들의 안전과 행동 수준에 최적화된 목표도 설정할 수 있다. 목표를 설정하면, 목표를 달성하기 위한 실행 계획을 수립하는 단계까지도 발전할 수 있다.

안전관리에서 무엇보다 관찰이 중요한 이유는 조직 내 근로자들이 안전에 관해 서로 대화하는 습관을 가지게 하는 도구가 될 수 있기 때문이다. 이상적인 조직의 모습은 서로를 가족처럼 생각하고 그들의 건강과 안전을 지켜주는 조직 문화를 포함한다. 모든 직원이 동료가 어떻게 일을 하고 있는지에 관심을 가지고, 작업 중에도 안전과 관련된 내용에 대해 정기적으로 이야기를 나누는 모습을 기대할 수 있다.

하지만 관리자를 제외한 다수의 직원이 서로 안전 준수(safety compliance)를 관찰·평가하고 지속적/정기적으로 피드백을 제공하기는 쉽지 않은 일이다. 그리고 효과적이고 효율적인 관찰과 피드백을 제공하는 것은 더욱 어렵다. 이를 위해, 효과적이고 효율적이면서 현장과 작업자에게 도움이 되고 이익이 된다고 생각되는 관찰과 피드백을 만드는 것이 중요하다. 안전 관찰과 피드백을 위해서는 관리자, 근로자 등 모든 직원이 안전의 관찰과 피드백 제공법에 대해 알고 있어야 한다. 관찰의 의미와 필요성, 유용성을 인식한 직원들은 근무하는 동안 안전에 대해 서로 관찰하고 이에 관해 소통할 수 있다.

안전 관찰의 효과: 신속한 현장의 문제 파악과 객관적인 솔루션 찾기

"In God we trust. All others must bring data(우리는 신을 믿는다. 신이 아니라면 데이터를 가져와라)."라는 유명한 말이 있다. 여기서는 근로자 수행관리나 안전관리 그리고 관련 의사결정을 할 때 객관적인 자료의 활용을 강조한 것으로 해석해 보자.

보통 자료를 분석하면서 문제에 대한 해답이 나오기 때문에, 자료를 가진 사람들이 해결책을 가지고 있을 가능성이 크다. 그리고 사람들은 객관적이고 설득력 있는 자료를 가지고 자신의 주장이나 제안을 뒷받침하는 사람들을 더 잘 이해하고 수용한다. 자료에 기반한 객관적인 증거를 바탕으로 해답을 제시하는 사람은 더 존중받으며, 의사결정에 더 많은 영향을 준다. 예를 들어 한 관리자가 한 직원에게 "지난 한 달간 지각을 너무 많이 하고 있다."라고 말하면서 늦지 않게 출근해 달라는 이야기를 하고 있다고 하자. 물론 관리자가 충분히 관찰하고 확신이 있을 때 말한 것일 수 있다. 하지만 직원은 자신이 지각은 했으나 자주 하지 않았다는 주장을 펼치고, 갈등이 시작된다. 만약 다음과 같이 자료에 기반해서 이야기했다면, 직원은 이 이야기를 더 잘 수용하고 신뢰했을 것이다.

"지난 한 달간 출근 시간 기록을 확인해 봤을 때 25일 중 20일을 지각한 것으로 확인이 되었네. 혹시 정시에 출근하기 어려운 문제가 있나?"

안전 행동의 변화를 주려고 할 때,
안전 관찰 자료가 있으면 그 시도는 더 쉽게, 잘 수용된다.

결국, 사람들의 의견이 서로 다를 경우에는 자료를 가진 사람이 더 큰 설득력을 갖는다.

객관적인 자료는 감정적인 판단을 줄이고, 더 건설적인 방법으로 문제를 해결하도록 돕는다. 안전 행동에 대한 관리에서도 마찬가지다.

근로자들이 얼마나 안전하게 행동하고 있는지에 대한 객관적이고 편견 없는 자료를 사용하게 되면 감정적인 판단이 줄어든다. 사람들은 누군가가 자신이 잘못하고 있다고 말하는 근거나 이유를 알지 못하면 이 말을 수용하지 않고 때로는 화를 내기도 한다. 이때, 행동 관찰 자료를 통해 안전 행동을 설명하면 상세한 부분을 분명히 설명할 수 있고, 듣는 사람은 이를 더 잘 수용한다. 사람들은 수행에 대해 특정한 의사결정을 한 이유를 이해하고 나면, 그 결정을 논의하고 받아들이게 된다. 그 의사결정이 임의로 이루어진 것이 아니라 사실에 근거한 것임을 이해하기 때문이다.

효과적인 안전관리를 위해서는 안전 수행에 대한 자료가 필요하다. 만일 현장이나 작업장의 안전 수준 평가를 뒷받침해 줄 자료 없이 주장한다면, 자기주장만 하는 것처럼 보이고, 주관적이고, 비합리적인 사람으로 비춰질 수 있다. 관련 자료를 계속 모으고 공개적으로 보여 주게 되면, 수행의 경향성은 좀 더 명확해진다. 이를 통해 관리자와 직원들은 측정 자료가 없었을 때보다 문제점을 더 빨리 파악하고 수정에 필요한 조처를 할 수 있게 된다.

품질 관리를 하시는 분들이라면 Statistical Process Control(SPC)를 알고 있을 것이다. SPC기술이 소개되면서, 많은 회사가 제품의 품질 측면에서 의미 있는 향상을 이루어낼 수 있었다. 이런 자료 측정 기술들을 가지고 관리자들은 공정상에서 발생하는 품질의 차이와 근로자 간에 나타나는 품질의 차이를 구분할 수 있었다. 자료 수집을 통해 품질 저하의 원인을 정확히 파악하여 공정상의 조치를 할 것인지 근로자들의 행동 변화를 유도할 것인지를 결정한 것이다. 또한, SPC를 사용하면 자료를 통해 근로자들은 언제 어떤 행동을 해야 자신들의 직무 과정을 통제할 수 있는지 알 수 있다.

종합하면, 적절한 자료가 있는 사람들은 문제에 대한 효과적인 해결책을 제시하는 데 더 명확한 근거를 가지게 된다. 따라서 안전 행동에 대한 관찰은 필요한 자료를 획득하는 방법이고, 안전 관련 회의에 이 자료를 활용하여 논의하는 것이 효율적이고 효과적인 안전관리의 시작이다. 과학적 관리(scientific management)를 안전에 적용하는 것, 그 시작점이 안전 관찰인 것이다.

안전 관찰을 할 때 유념해야 할 8가지

안전에 대한 현장 관찰을 할 때 필요한 몇 가지 고려사항이 있다. 더 효과적이고 효율적인 관찰을 위해 고려할 사항들을 알아보자.

(1) 누가 관찰할 것인가?

안전 관찰 시 첫 번째로 고려해야 할 사항은 누가 관찰할지 정하는 것이다. STOP, VBS(value-based safety), BBS(behavior-based safety), PBS(people-based safety)와 같은 안전 관찰 프로그램을 진행하고 있는 조직 대부분은 관찰에 근로자들을 참여시키려고 한다. 관찰에 참여하는 근로자 수가 많을수록 관련 프로그램이 성공적이었고 사고도 획기적으로 감소하였다.

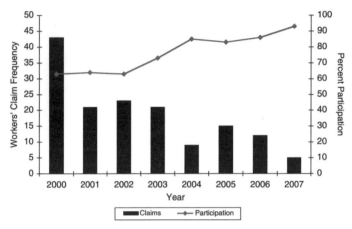

공장 전체의 근로자 산재 보상 청구 빈도와
직원이 안전 관찰에 참여한 비율 간의 관계(r = -.83, p = .01)

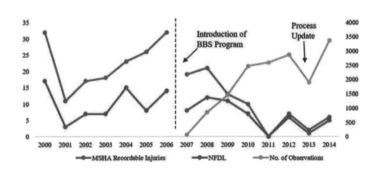

광산에서 관찰 횟수와 재해율의 관계

그러나 일부 조직의 경우, 초기 단계에는 관리감독자와 HSE 부서 직원들만 안전 관찰을 실행한 뒤 점차 확대해 가는 전략이 적절할 수도 있다.

관찰 집단이나 인원을 특정해 놓는 것이 어떤 조직에서는 적합한 방

법일 수도 있다. 하지만, 그렇게 되면 관찰/피 관찰 집단이 "우리 vs 그
들"로 구분되고, 이러한 구분은 근로자들로 하여금 '안전은 모든 구성
원의 책임'이라는 말을 받아들이기 어렵게 한다. 흔히 안전은 관찰자들
의 책임이라고 생각할 수도 있다. 최악의 경우, 다른 근로자들이 관찰
자를 "안전 경찰(safety patrol)"로 여기게 되고, 조직에는 감시 단계를
하나 더 추가하는 것과 같은 결과를 가져온다.

관찰 집단 지정의 장단점을 이해하고 우리 조직에 맞는 관찰자를 선정해야 한다.

관찰의 중요성에 대한 교육과 어떻게 관찰할지에 대한 훈련을 제공
하고 자발적으로 관찰에 참여하는 근로자들이 처음에는 관리자와 함
께 관찰을 실행하는 것이 좋다. 만약 안전 프로그램 운영팀이 있다면
협의를 통해 관찰 참여 확대와 관찰 훈련 방법을 모색하고 발전시켜 나
가는 것이 적절한 방법이다.

⑵ 관찰자는 자발적으로 참여해야 하는가?

근로자들이 관찰자로서 자발적으로 참여하는 것이 좋지만, 일부 조직에서는 관리감독자나, HSE 부서로부터 허락을 받아야 참여할 수 있기도 하다. 또 다른 일부 조직에서는 안전 관찰을 실행하는 것이 작업 요건인 경우도 있고 개별적으로 일정 횟수 이상 관찰하게 하는 조직들도 있다. 이러한 방법, 즉 의무적인 방식은 실제 관찰 없이 서류 작업만 증가시키는 결과를 만들 수 있다. 가짜 관찰 자료를 만들어 낼 수 있고, 이러한 가짜 자료는 현장과 조직의 안전 수준, 즉 안전 행동에 대한 자료를 신뢰할 수 없게 한다. 신뢰도가 확보되지 않은 관찰 자료는 의미가 없다. 이때 관찰자는 관찰 행동의 가치나 의미를 찾기 어렵기 때문에 관찰을 중지할 가능성이 크다.

이런 상황에서는 담당 부서나 관리자들이 관찰의 질을 향상시키기 위한 계획을 세워 이러한 문제를 해결해야 하는데, 관찰의 질 향상은 쉽지 않다. 그러나, 만약 관찰을 실행하는 것이 자발적이라면, 그리고 훈련을 통해 관찰 자료의 신뢰도를 확보할 수만 있다면, 담당 부서나 관리자들은 관찰을 실행하도록 근로자를 격려하는 실행 계획만 개발하면 된다. 안전 관찰에 참여한 근로자의 수 혹은 비율을 측정하는 것은 관찰의 질을 측정하는 것보다 훨씬 더 쉽다. 이런 이유로, 자발적인 관찰 참여가 대부분 조직의 근로자들에게 가장 적절한 방식이고, 안전 관리의 성공에 많은 영향을 미친다. 단, 관리감독자, HSE 부서의 관찰 참여는 안전관리에 매우 중요하기 때문에, 대부분의 조직에서 이들의 관찰 참여는 필수적이다.

(3) 관찰자는 얼마나 자주 관찰할 것인가?

관찰의 빈도는 중요하다. 특정 직무 혹은 근로자의 위험 수준에 대한 파악이 이루어졌다면 이를 바탕으로 관찰 주기(매일/매주/매월)를 결정해야 한다. 만약 많은 근로자에게 높은 사고 위험이 보인다면, 매일 관찰하는 것이 좋을 것이다. 안전 관찰을 중시하는 외국 제조업 회사에서는 관찰자들이 보통 주 1회 정도 관찰한다. 사고 위험이 매우 낮다면 한 달에 한 번 정도 관찰하는 것으로도 충분할 수 있다. 각각의 작업장 특성과 위험 수준에 따라 관찰 빈도를 결정하는 것이 좋다.

(4) 피 관찰자(작업자)는 자발적으로 관찰되고 있는가?

일반적으로 안전 관찰 프로그램이 정착되어 있는 대부분의 조직에서 관찰은 직무의 일부분으로 여겨진다. 이러한 프로그램을 사용하는 기업들이 처음 관찰을 시작할 때, 일부 조직의 관찰자는 관찰 전에 작업자들의 허락을 구한다. 이런 방법의 문제점은 근로자들이 회사의 안전 향상 노력, 즉 안전 관찰에 효과적으로 참여하기 어려워진다는 것이다. 공식적으로 이런 질문을 받으면(혹시 관찰해도 괜찮습니까?), 관찰 대상이 될 수 있는 작업자들이 관찰하는 것을 허락하지 않는 경우가 있기 때문이다. 특히 경영진, 관리자들과 근로자들 사이에 신뢰가 낮은 조직, 노사 갈등이 심한 조직에서는 관찰을 허락하지 않는 경우가 많다.

허락을 받고 관찰할 것인지, 아니면 관찰의 대상이 되는 것 역시 자연스럽게 직무의 일환으로 간주할 것인지에 대한 고민이 필요하다. 강제로 피 관찰자가 될 수 있다는 것도 근로자에게 불안, 우려, 그리고 감시를 당한다는 느낌을 줄 수 있기 때문에 문제가 될 수 있다.

따라서 근로자들이 관찰을 무조건 거부할 수는 없되, 특별한 경우에만 거부할 권리를 갖게 할 수 있다. 만약 근로자가 특정 관찰자에 대한 개인적인 갈등이 있는 경우나 관찰에 대해 논의하기 어려운 상황이거나 근로자가 다른 시간에 관찰하는 것이 좋겠다고 생각한다면, 그 시점에서는 관찰을 거부하도록 허용해 주는 것이다. 이러한 옵션을 제공하는 것은 근로자들이 관찰 과정에 저항하는 것을 완화하는 데 도움이 되며, 어떤 조직의 경우에는 이것이 더 적합한 방법이 될 수 있다. 다만 많은 직원이 관찰의 이유와 목적 그리고 중요성에 대해 알고 관찰에 자발적으로 참여한다면 관찰을 당하는 것은 크게 문제가 되지 않는다. 관찰을 하는 사람은 본인이 피 관찰자가 되는 것에 대해 거부감을 적게 가지기 때문이다. 결국 안전 관찰을 하는 직원들이 많을수록 현장과 근로자들의 안전에 대한 자료를 더 많이, 쉽게 확보할 수 있게 된다.

근로자들에게 피 관찰의 선택권을 제한적으로 주면
관찰 저항을 어느 정도 예방할 수 있다.

(5) 언제 관찰할 것인가?

일반적으로 관찰자는 자신이 관찰할 시점을 결정해야 한다. 관리자와 언제 관찰할지 논의하여 정한 후에 고정된 시간에 관찰할 수도 있다. 예를 들어 A는 매주 수요일 3시에 B는 금요일 11시에 관찰을 하는 것으로 정할 수 있다. 그렇지만 매번 고정된 시간에 관찰하는 것보다는 관찰이 이루어지는 시간과 날짜를 매번 다르게 하는 것이 더 좋다. 만약 관찰 시간이 고정되면 그 시간대에만 작업자들이 안전하게 작업을 할 수도 있기 때문이다. 야간 자율 학습 시간에 친구들과 놀거나 소설책/만화책을 보다가 선생님이 오실 시간이 되면 공부를 다시 시작하는 모습을 떠올리면 쉽게 이해할 수 있을 것이다.

따라서 관찰 시간을 다양하게 함으로써 근로자가 언제 관찰이 이뤄질지 예측하지 못하도록 하는 것이 좋다. 그리고 이렇게 다양한 시점에서 수집된 자료는 실제 직무 수행을 더 잘 대표할 수 있는 자료가 될 수 있다.

그렇지만 가끔은 고정된 시간에 관찰을 할 수도 있다. 예를 들어, 기존 사고 분석을 통해 사건이 발생하기 쉬운 시간대를 알게 되었다면, 혹은 특정 시간대에 사고가 자주 발생했다면 그 시간에 관찰 스케줄을 잡을 수도 있다. 즉 안전 관찰 프로그램을 실시하기 전에 회사에 있었던 사건·사고나 같은 업종의 사건·사고를 분석하여 사고가 가장 발생하기 쉬운 시간, 혹은 많이 발생한 시간이 파악된다면 이는 언제 관찰이 가장 가치 있을지 알려주는 가이드라인이 된다. 그 밖에 공장에서 작업팀이 교대할 때나 새로운 공사 기간, 또는 새로운 장비 사용과 같은 특별한 시기에 관찰하는 것 역시 가능하다.

(6) 관찰은 부서 간 혹은 부서 내에서만 할 것인가?

관찰자는 자신이 잘 알고 있는 직무나 현장을 관찰할 때 가장 편할 것이고 더 세부적인 사항들을 관찰할 수 있다. 그래서 많은 조직은 관찰 프로그램을 시작할 때 관찰자들이 부서 내 관찰부터 시작한다. 그런 다음 관찰 절차에 익숙해지면, 관찰자들이 다른 지역이나 다른 부서도 관찰할 수 있도록 한다. 부서 간 관찰은 조직 내 다양한 현장을 알게 되는 장점도 있다. 낯선 지역이나 위험 지역을 관찰하는 경우, 처음에 관찰자는 그 지역의 관리자에게 도움을 구해 함께 관찰하는 것이 좋다. 관찰 대상자는 현장관리자가 있으면 외부의 누군가 관찰할 때 덜 불안할 수 있고, 그 지역을 잘 아는 관리자가 외부 관찰자의 안전을 보호해 줄 수도 있기 때문이다.

(7) 관찰자는 일정 작업 구역, 근로자, 혹은 구체적 업무 가운데 무엇을 중심으로 관찰할 것인가?

가장 좋은 답변은 조직 특성과 조직에서 일어난 사고의 종류에 따라 달라질 수 있다는 것이다. 많은 근로자가 일하는 제조업을 살펴보자. 일정 구역을 정해 관찰하는 것이 관찰을 쉽게 하며, 여러 관찰자가 하나의 체크리스트를 사용하여 통일된 항목에 대해 관찰을 하면 효과적이다. 반면에 많은 처리 공정을 가진 플랜트의 경우, 관찰자는 '행동이 일어나는 곳으로,' 즉 작업을 하는 직원들을 관찰하기 쉬운 곳을 따라 이동해야 한다. 관찰은 과거에 사고가 많이 일어났던 곳이나 관련 작업이 수행될 때를 맞춰서 실시될 수 있다. 이외에 아차 사고나 사고 분석 결과를 활용하여 업무에 변동사항 없이 일하는 경우와 업무나 작업자가 변동되는 경우 중 언제 부상이 더 발생하기 쉬운지도 파악하는 것도 가능하다. 이처럼, 사고 분석을 하면 무엇을 관찰할지 결정할 수 있고 관찰 계획도 이에 따라 조정할 수 있다.

관찰 대상이 혼재된 경우(구역, 근로자, 업무 등을 포함)도 있을 수 있다. 이럴 때 관찰자들은 한 번에 여러 항목을 관찰하게 된다. 만약 "지게차 후진 시 경고음"이 창고를 관찰하는 체크리스트에 적혀 있다면, 지게차가 후진하는 것을 관찰할 때까지 그 구역에서 기다릴 수도 있고, "만약 5분 내에 관찰이 되지 않는다면 해당 없음으로 체크하세요."라는 가이드라인을 설정할 수도 있다.

(8) 관찰자는 관찰 시기를 알려야 하는가?

마지막으로, (5)에서 계획한 관찰 시기를 밝힐지 고민해야 한다. 대부분 조직의 경우에는 안전 관찰을 알리는 것이 개방성과 근로자를 존중한다는 점에서 중요하기 때문에 관찰이 진행되는 날짜와 시간 장소 등을 알려준다. 관찰자는 "안전 관찰을 실행하기 위해 오전에 잠깐 현장에 들를 예정입니다."라고 하거나 "목요일 오후에 정비 공장 관찰을 할 수 있습니다."와 같이 관찰 계획을 사전에 알릴 수도 있다.

사전에 관찰 계획을 정해놓고 알리는 것의 단점은 근로자들이 그 시점에 일상적으로 직무를 수행하지 않을 수 있다는 점이다. 사회 심리학 연구에서는 관찰할 것이라고 하면 평상시와 다르게 행동한다는 것이 밝혀졌다. 그러나, 이를 크게 문제 삼을 필요는 없다. 관찰하는 동안에 근로자들이 더 안전하게 작업한다면, 관찰자는 안전 행동에 대한 긍정적 피드백이나 인정, 보상을 제공할 기회를 얻게 되고, 이로 인해 피관찰자가 나중에 안전 행동을 할 가능성이 커지기 때문이다. 그리고 관찰한다는 사실이 알려지면, 이러한 관찰에 대해 잘 모르는 근로자들은 다른 근로자들에게 이러한 관찰에 대해 논의하면서 관찰의 중요성을 알게 될 수도 있다. 특히 자신이 어떻게 안전 행동을 해야 할지 모르는 직원이 있다면 예기된 관찰 중에 물어본다거나 주변 직원들과 논의함으로써 안전 행동을 학습하는 계기가 될 수 있다.

안전 관찰 초기에는 관찰 사실을 알리되, 일정 시간이 지나고 근로자들이 관찰 절차를 이해하고 신뢰하게 되면 관찰 사실을 알리지 않는 것도 한 가지 방법이 될 수 있다.

8장

올바른 안전소통 방법, 커뮤니케이션과 피드백의 활용

우리가 잘 듣지 못하는 이유

의사소통이나 대인관계에 있어서 잘 듣는 것이 중요하다는 것은 모두 알고 있다. 하지만 실제 의사소통 상황에서 훌륭한 청자가 되기란 쉽지 않다. 우선, 우리가 잘 듣지 못하는 이유를 알아보자.

1. 생각의 속도와 말의 속도의 차이

우리가 1분당 말하는 단어 수는 일상 대화에서 분당 150~190단어(영어 기준) 정도이지만, 이해할 수 있는 단어의 수는 분당 최대 600단어 정도나 된다. 누군가 이야기하는 동안 듣는 사람에게는 '인지적 여유'가 생기는 것이다. 이 여유 때문에 우리는 다른 생각을 하거나, 상대방 이야기의 결점을 찾거나, 반박할 내용을 생각한다. 이 인지적 여유를 대화 밖의 생각에 사용하면 주의가 분산되지만, 말하는 사람의 감정과 생각을 더 잘 이해하기 위해 사용한다면 효과적인 듣기에 도움이 될 것이다.

2. 좋은 듣기를 위해 필요한 에너지

잘 듣는 것은 어려운 일이다. 주의 깊게 듣는 동안 우리의 몸에는 심장 박동이 빨라지고, 호흡이 증가하고, 체온이 올라가는 변화가 생긴다. 이러한 변화는 우리가 운동하고 있을 때의 몸의 반응과 유사하다. 집중해서 듣는 것이 운동만큼 힘들다는 것이다. 어려움에 처한 친구의 말을 집중해서 듣고 난 후에 진이 빠진 것 같다는 경험을 한 적이 있다면 오랫동안 잘 듣는 것이 얼마나 어려운 것인지, 에너지가 얼마나 많이 쓰이는지 알 수 있을 것이다.

3. 결함이 있는 가정(assumption)

우리는 종종 실제로는 그렇지 않음에도 주의 깊게 잘 듣고 있다고 잘못된 가정을 하기도 한다. 대화 상대가 친숙하면 우리는 그 사람의 말을 이전에 들었다고 생각하기 때문에 주의해서 듣기가 쉽지 않다. 그리고 상대방의 생각이 너무 단순하거나 너무 명백한 것이기 때문에 주의해서 들을 필요가 없다고 가정할 때, 또한 다른 사람의 견해나 의견이 너무 복잡해서 이해할 수 없다고 생각할 때도 잘 듣기가 어려워진다.

4. 말하는 것이 더 이익이라고 생각

종종 듣기보다는 말을 함으로써 얻는 것이 더 많을 수 있다. 『Time to Think』의 저자이자 컨설턴트 Nancy Kline은 동료가 이야기할 때 끼어드는 이유를 직원들에게 물어보았다. 다음은 그 대답이다.

- 내 생각이 동료의 생각보다 더 낫다. 그래서 그들의 이야기를 끝까지 들을 필요가 없다.
- 끼어들지 않으면 내 생각을 말할 기회를 얻지 못한다.
- 그들이 무슨 이야기를 할지 이미 알고 있다.
- 그들의 생각은 무언가를 개선하거나 발전시키기에 부족하다.
- 그들의 이야기를 듣는 것보다 내가 인정받는 것이 더 중요하다.
- 그들보다 내가 더 소중하다.

이 중 일부는 사실일 수도 있겠지만, 그와 상관없이 사람들은 자신의 말을 방해하고 끼어들거나 가로채는 사람의 말이나 생각을 잘 존중하지 않음을 기억할 필요가 있다. 듣기는 상호적인 성격을 띤다. 내가 들어준 만큼 상대방도 들어줄 확률이 높다.

보통은 말을 많이 하는 사람이 더 효과적인 의사소통자로 평가받고, 자신의 주장을 관철할 수 있다고 생각한다. 어느 정도는 사실이다. 충분한 지식이나 의견 그리고 감정이나 생각을 전달하지 못하면 이 역시 문제가 될 수 있다. 하지만, 말만 많이 한다고 의사소통이 잘된 것은 아니다. 때로는 진전 없이 같은 이야기만 반복하는 경우가 있는데, 이러한 의사소통은 분명히 비생산적이다. 부정적인 의사소통은 하면 할수록 부정적인 결과가 많아질 뿐이다.

5. 듣기 훈련의 부족

학교에서 국어를 배울 때, 말하기, 쓰기, 읽기는 많은 시간을 투자해서 배운다. 하지만, 듣는 기술은 잘 배우지 않는다. 말하기만큼 중요한 기술임에도 어릴 때부터 충분히 훈련되어 있는 경우가 드물다. 호흡을 들숨과 날숨으로 구분한다면 의사소통은 말하기와 듣기로 구분할 수 있다. 호흡이 완전하지 못하면 일상생활이 힘들듯, 듣기에 대한 훈련이 부족하면 의사소통과 좋은 관계 확립이 어려울 수 있다.

이러한 듣기의 방해물들을 극복하기 위해서는 많은 연습이 필요하지만, 핵심적으로 다음의 사항들을 고려하면 좀 더 잘 들을 수 있을 것이다.

우선 **성급하게 판단하지 않는 것**이다. 모두 충분히 듣고 이해한 다음에 판단하는 것이 바람직함은 알고 있다. 하지만 우리는 끝까지 듣기 전에 다른 사람이 하는 말을 성급하게 판단하고 평가하는 실수를 저지른다. 특히 자신이 그 분야의 전문적인 지식을 가지고 있고 관련 경험이 있을 때는, 이러한 실수를 저지를 확률이 더 높아진다. 아이디어를 교환하고 최선의 선택을 해야 하는 대화는 말싸움으로 변해가고, 감정이 상해 상대방을 이기려고 상대의 이야기를 자르고 비판하게 된다. 이러한 판단과 비판이 진실을 포함하고 있고 비판을 수용함으로써 더 좋은 변화를 만들어 낼 수 있음에도, 성급한 판단으로 인해 긍정적인 효과를 만들기 어려워진다. 즉각적이고 빠른 판단과 평가가 늘 타당한 것은 아니라는 점을 유념할 필요가 있다. 평가는 가능한 유보하는 것이 좋다. 긴급한 의사결정을 해야 하는 상황이 아니라면 먼저 듣고 확실히 이해한 다음 평가해도 늦지 않다.

다음은 **핵심 아이디어나 내용을 파악하는 것**이다. 요점이 없거나 요점에 이르지 못하고 장황하게 이야기하는 사람에게 인내심을 유지하는 것이 쉬운 일은 아니다. 그럼에도, 대부분의 말에는 핵심 아이디어가 있다. 이를 염두에 두고, 상대방이 이야기하는 동안, 나의 인지적 여유를 말하는 사람의 핵심 아이디어를 파악하는 데 사용할 수 있다. 그래도 파악이 어렵다면, 적절한 질문을 통해서 핵심이나 답에 이르도록 촉진할 수 있다. "종합해 보면, 이렇게 하는 것이 더 나은 방안이라고 주장하시는 것인지요?", "가장 합리적인 해결책이 무엇이라고 생각하나요?" 등과 같이 핵심을 알 수 있는 질문을 하는 것이다. 사실에 근거한 적절한 질문은 다른 사람이 원하는 것뿐만 아니라 다른 사람의 생각이나 감정을 알 수 있고, 궁극적으로 우리의 이해를 높일 수 있다. 질문은 질문한 사람뿐만 아니라 대답하는 사람을 위한 도구이고, 스스로 해결 방안을 찾도록 도움을 준다.

메라비언의 법칙, 보여 주기의 중요성

[메라비언의 법칙]
인상과 호감을 결정하는 데 있어 내용은 오직 7%만 영향을 준다는 이론

    의사소통에서 중요한 요소가 무엇일까? 단어, 어휘, 콘텐츠와 같은 언어적 요소일까? 아니면 표정, 복장, 자세, 제스쳐와 같은 보이는 것일까? 또는 말의 속도, 억양, 크기와 같은 들리는 것일까?

매력적인 대화에서 가장 중요한 것은 비언어적 표현이다. 비언어적 표현이란 손짓이나 표정, 목소리 톤 등 언어를 제외한 모든 표현법을 이야기한다. 사람들이 하는 의사소통의 93%는 비언어적인 부분이고 오직 7%만이 언어적이라고 한다. 이를 메라비언의 법칙이라 부른다.

실제로 비언어적으로 할 수 있는 일들이 많다. 생각해 보면 우리는 대화를 할 때 말 자체보다 다른 것으로부터 더 많은 영향을 받는다. 예로, 카리스마 있는 사람들은 다소 외향적인 제스처를 취한다. 외향적인 제스처란 몸의 바깥으로 제스처를 하는 것인데, 반대로 카리스마가 부족한 사람들은 몸의 안쪽으로 제스처를 취하거나 자신의 몸을 만지는 모습을 보인다.

미국 역사상 가장 인기 있는 대통령으로 기억되고 있는 케네디 대통령은 외향적인 제스처를 사용하는 대표적인 정치가이다.

빌 클린턴 대통령도 케네디처럼 바깥으로 향하는 손동작을 주로 사용했고, 전문가들은 그가 외향적 손동작을 주로 사용하면서부터 지지율이 올랐다고 분석했다.

오바마 대통령도 마찬가지이다. 연설 장면을 보면, 손동작이 바깥으로 향해 있다. 오바마 대통령에게는 사람들을 한순간에 사로잡을 수 있는 또 다른 몸의 표현이 있는데, 그것은 미소다. 진지한 표정 뒤에 이어지는 환한 미소는 매우 강력한 힘을 갖는다.

인간에게 몸의 언어란 제대로 된 말이 발달하기 전부터 사용되던 의사소통법이다. 다른 사람들의 감정뿐만 아니라 비언어적 행동 즉 자세나 표정에 예민한 사람은 사회에서나 일에서 더 많은 성공을 거둔다는 연구가 있다. 덧붙여, 비언어적인 행동에 예민한 사람은 일반적으로 행복한 경향도 보인다.

안전 의사소통에서도 비언어적인 소통 기술은 매우 중요하다. 표정, 자세, 복장 등 시각적 요소와 말의 속도, 억양, 크기 등의 청각적 요소를 고려하여 본인의 커뮤니케이션 스타일을 돌아볼 필요가 있다. 내가 생각한 나의 음량(volume), 제스처(gesture)의 분명하고 잦은 사용, 눈 맞추기(eye-contact)의 여부, 말의 속도(speed) 등은, 대체로 다른 사람이 느끼는 나의 모습과 다르다.

비언어적 커뮤니케이션 향상을 위해 거울을 보고 연습하면, 눈에 띄게 개선되는 것이 느껴질 것이다.

비언어적 커뮤니케이션은 효과적인 도구

존스홉킨스대의 하워드 프리드먼 교수는
오바마 대통령의 미소를 다음과 같이 분석했다
카리스마 있는 미소란 전체 얼굴을 이용한 미소이다
입만 움직이면 카리스마가 없다
하지만 눈을 깜박여 같이 웃으면 얼굴 전반이 환해지는데
오바마의 이런 미소는 사람들에게 상당히 인상적이다
그가 포커페이스를 유지하다가 갑자기 큰 웃음을 지으며
보이는 미소는 그가 말하고자 하는 것을
효과적으로 전달하는 좋은 방법이다

팀 의사소통의 장애요인

직장인이라면 대부분 특정 팀이나 조, 부서에 소속된다. 즉, 어떤 집단의 구성원으로서 활동을 하고 일한다. 개인들이 팀을 이루어 어떤 일을 할 때, 구성원들 간의 의사소통은 그 일을 효과적으로 수행하는 데에 필수적이다. 원활한 의사소통은 팀과 조직 효과성에 중요한 요소이며, 정보 공유와 의사결정의 중요한 수단이 된다.

하지만, 팀 내 의사소통이 늘 원활하게 되는 것은 아니다. 의사소통의 부재나 잘못된 방식의 의사소통이 집단이나 팀 내 오해와 갈등을 유발할 때가 많다. 효율적이고 만족스러운 의사소통을 위해서는 리더나 직원들 모두 노력해야 한다. 안전에서도 마찬가지이다. 팀 의사소통이 잘 이루어지면 필요한 내용이 잘 전달되고, 그에 대한 이해도 높아질 것이며, 설득 과정도 쉬울 것이다.

한편, 여러 오해나 왜곡으로 인해 의사소통에 장애가 발생할 수 있다. 위험에 대한 해결과 안전 개선 영역에서 의사소통이 단절되거나 잘못 이루어지면, 문제가 심각해질 수 있다. 미국 경찰국은 소속 경찰관들이 오인 사격하는 가장 흔한 이유 중 하나로 "부실한 의사소통"을 꼽았다. 사망, 심각한 신체적 상해 등을 포함한 의료사고의 원인이 "부실한 의사소통"인 경우는 60% 이상에 달한다.

의사소통에서 장애가 발생하는 다양한 원인을 잘 파악한다면 적절한 극복 방법도 모색할 수 있을 것이다. 다음은 그 원인과 설명이다.

1. 불필요한 전문 용어의 사용

팀/부서에는 보통 내부에서만 사용하는 독특한 단어나 용어들이 있다. 이러한 전문/특수 용어는 팀/부서 내에서 효과적일 수 있지만, 다른 부서나 다른 공장, 외부인들과의 의사소통에는 장애가 될 수 있다. 특히 영어로 된 단어를 섞어서 말하는 것은 의사소통에 걸림돌이 될 수 있다. 다른 사람과 대화할 때는 누구나 이해할 수 있는 쉬운 단어를 사용하는 것이 필요하다. 전문 용어를 사용할 수밖에 없을 때는 용어의 뜻을 알려주고 사용할 필요가 있으며, 사전에 관련 지식이 있는지를 알아보는 것도 좋은 방법이 될 수 있다. 최근에는 안전에 대한 여러 기법이 사용되고 있는데, 영어 약자를 사용하는 경우도 많다. 예를 들어 Tool Box Meeting(TBM)이라는 용어는 이미 많이 알려져 있고 현장에서도 많이 사용한다. 안전 분야에 경험이 부족한 사람들이나 다른 분야 사람들에게는 생소한 단어일 수 있다. 따라서 이 단어를 사용해야 하는 상황이라면, 'TBM에 대해 아시나요?'와 같이 사전에 물어보고 알려준 후에 대화하는 것이 적절하다. 특히, 특정 분야를 오랫동안 전문적으로 공부를 한 사람들은 전문 용어를 평소에 자주 사용하는 경우가 많다. 내가 자주 사용하는 용어를 내가 잘 안다고 해서 다른 사람도 잘 알고 있는 것이 아니라는 점을 유의할 필요가 있다.

2. 상호 신뢰의 부족

말하는 사람과 듣는 사람 간에 신뢰가 부족하거나 서로 선입견을 가지고 있으면, 말하는 내용을 대충 듣거나 내용을 성급하게 판단하게 되면서 의사소통에 문제가 발생할 수 있다. 구성원들 간의 신뢰는 경청과 이해, 반응에 상당한 영향을 미친다. 최근, 조직 내 세대 갈등이 이슈가 되고 있다. 세대 간에 신뢰가 부족하면 의사소통을 주저하게 되고 의사소통의 부족은 다시 신뢰를 감소시킨다. 따라서 구세대와 신세대 모두 좀 더 적극적으로 대화하기 위해 노력할 필요가 있다. 서로 대화가 잘 통하지 않는다고 생각이 들면 다른 활동들을 같이 해 본다거나 서로를 알아가는 시간을 가지는 등의 노력이 있어야 한다. 이를 위해 팀 빌딩 활동이나 정기적인 활동을 계획하는 것이 좋다. 선입견이나 편견을 줄이기 위해서는 우선 한 사람을 집단이 아닌 개인으로 보려는 노력이 필요하다. 나이 든 사람이 모두 보수적이지는 않으며, 젊은 사람이 모두 개방적이고 진취적인 것은 아니다. 사람은 모두 다르고 개인차가 있기 때문에, 그 집단에 소속된 사람이라고 그렇게 해석하기보다는 한 사람으로 대하고 판단을 최대한 유보하려는 노력이 필요하다.

3. 문제에 집중하지 않고 사람에게 집중하는 것

구성원들 간의 갈등은 피할 수 없고, 이는 아이디어를 주고받는 과정에서 자연히 발생하기도 하며, 발생한 갈등의 해결은 더 나은 결과를 촉진하기도 한다. 갈등을 효과적으로 관리하기 위해서는 개인보다 갈등 주제에 집중해야 한다. 어떤 의견에 동의하지 않을 때는, 그 사람보다는 그 제시된 아이디어에 대해 동의하기 어렵다는 것을 명확히 밝히는 것이 좋다. 예를 들어, 특정 안전 사업 예산을 증가시켜야 한다는 동료의 의견이 비현실적이고 전체 예산을 고려하지 않았다고 생각한다면, 동료를 공격하기보다는 동료가 제안한 계획의 부족한 점에 집중하고, 더 나은 방안을 제시하는 것이 필요하다. 비슷하게, 누군가 당신의 의견에 동의하지 않는다면, 나의 성격과 같은 개인적인 측면을 부정하는 것으로 간주하지 않고 감정적으로 대응하지 않기 위해 노력해야 한다. 갈등 상황을, 대안을 살펴보고 토론할 기회로 바라보는 것이 좋다. 의견이 다르다고 비난하거나 공격해서는 안 된다. 상대의 공격에 반응하여 갈등을 키우거나, 개인적 공격을 자극하는 말은 더욱이 하지 않아야 한다.

4. 사회적 태만의 발생

사회적 태만은 혼자일 때보다 집단 구성원일 때 개인의 노력이 감소하는 현상을 말한다. 집단으로 소통하거나 일할 때 이런 태만이 발생할 수 있다는 것을 인식하는 것이 사회적 태만을 감소시키는 첫 번째 단계이다. 일반적으로 각 구성원의 공헌이나 노력이 쉽게 확인되지 않거나 인정받지 못할 때, 그리고 공헌이나 노력이 없어도 동일한 보상을 받거나 처벌이 없을 때, 집단 응집력이 부족할 때, 그리고 개인의 일이 더 중요하다고 생각할 때 사회적 태만이 발생하기 쉽다. 집단에서 사회적 태만이 자주 발생한다는 것은 비효과적인 상호작용 및 의사결정을 하는 비생산적인 집단임을 나타내는 것이다. 그리고 한 구성원이 사회적 태만을 보이면 다른 사람들 역시 태만할 확률이 높다. 자신만 손해 본다는 생각으로 노력을 줄일 가능성이 크기 때문이다. 사회적 태만을 방지하기 위해서는 각 구성원의 공헌과 노력이 쉽게 확인되도록 하고 이를 구성원들이 알 수 있게 하는 것이 좋다. 집단 응집력 향상을 위한 노력이 필요하며, 개인 성과뿐만 아니라 집단의 성과도 개인의 발전에 도움이 된다는 것을 강조할 필요가 있다.

5. 평가적이고 통제적인 분위기

사람이나 일을 평가하거나 판단하면, 상대는 화내고 방어적인 태도를 보일 수 있고, 그 상대도 평가적이고 판단적으로 대응할 수 있다. 대조적으로, 무슨 일이 있었는지 설명하거나 원하는 것을 호소하면, 방어보다는 지지적인 모습을 보일 가능성이 크다. 평가적인 분위기를 감소시키기 위해서는 I message를 사용하는 것이 좋다. 말하고 있는 내용이 평가가 아니라 개인의 생각이라는 것을 명확히 하는 것이다. "내가 생각했을 때는…", "내 과거 경험을 떠올려 보면…"과 같이 본인의 생각과 의견을 설명하는 것이 더 좋은 방법이다.

한 사람이 상대의 행동을 통제하려 할 때, 즉 어떤 일을 하도록 명령할 때, 또는 토론이나 상호 동의 없이 결정을 내릴 때는 방어적인 반응이 나타남을 기억하자. 통제 메시지는 그 사람이 업무에 이바지한 점을 부정하는 것이고, 상대의 중요성을 부인하는 것이다. 반면, 문제에 집중하면—상황을 통제하거나 본인만의 방식을 취하는 것이 아니라—

방어적인 반응은 훨씬 더 감소한다. 이를 통해 상호 참여를 유도할 수 있고 각각 노력한 점의 중요성을 인식할 수 있다.

6. 이해 확인 과정의 부족

팀 의사소통 시에는 가능하다면 다른 팀원들이 본인의 아이디어와 정보를 이해했는지 확인해야 한다. 명확하지 않다고 생각되면 "확실히 이해됐나요?", "추가로 설명이 필요한 부분이 있나요?" 등의 질문을 하는 것이 좋다. 3장에서 이야기했듯, 사람들은 자신이 충분히 설명하면 다른 사람들도 이해했을 것이라는 "가정된 유사성" 오류를 범하는 경우가 많다. 특히 안전 분야 교육이나 토론에서는 위험 요소(예, 유해화학물질, 밀폐 공간 작업) 등에 대한 정확한 이해가 중요하기 때문에 정확히 이해했는지 다양한 방식으로 질문을 하는 것이 필요하다. 그리고 다른 구성원의 의견이나 주장에 동의하지 않을 때에도 의견 불일치에 대해 재진술하여 명확히 이해했다는 것을 표현하는 것이 좋다. 예를 들어, "제가 올바르게 이해했다면, ○○님은 안전 부서가 위험성 평가를 전적으로 책임져야 한다고 생각하는 것 같습니다."라고 다시 한번 이야기하는 것으로 이해를 확인할 수 있다.

7. 집단사고(groupthink)의 발생

3장에 언급했듯, 일부 팀에서는 구성원 간 합의를 더 중시하여 집단사고를 보이기도 한다. 집단사고는 문제 해결에 도움이 되는 여러 대안에 대한 현실적이고 논리적인 분석을 차단하는 경향이 있다. 집단사고에서 팀원들이 고려하는 정보는 매우 선택적이다. 집단(혹은 상사/

경영진)의 입장과 반대되는 사실과 의견은 무시하고 상사의 입장을 지지하는 의견은 무비판적으로 받아들이기도 한다. 집단사고가 발생하고 있다면 다음에 제시된 사항들을 시도하는 것이 좋다.

- 구성원들이 팀 의사결정이나 상사의 의견 대한 의심을 표현하지 않을 때는 반대자(devil's advocate)의 역할을 맡은 사람이 반대 의견을 제시하도록 한다. 원자력 발전소에서는 작업에 관한 위험 평가를 할 때 반대자를 두어 위험 등급 결정에 대해 질문하거나 생각하지 못했던 부분들을 한 번 더 고려하게 하고 있다.
- 동의를 요구하는 집단 압력에 대처하기 위해, 불일치하는 의견을 내거나 기존 의견에 의심을 제시한 구성원들을 강화하도록 한다. 예를 들어, "좋은 의견입니다. 이 제안의 잠재적 문제에 대해 더 많이 듣고 싶습니다. 다른 사람은 이 문제를 어떻게 생각하십니까?"
- 인원이 많다면 소집단으로 구분하여 논의한 후에 다시 전체 구성원이 모여서 회의를 하는 방법도 대안이 될 수 있다(15명인 경우 5명씩 3팀으로 논의 후 다시 전체 논의).

8. 집단 지향적인 태도 결여

팀에 참여하게 되면 공통된 목표를 구성원들과 공유하는 것이 목표 달성에 중요하다. 팀 상황에서 최상의 해결책을 도출해 내기 위해서는 재능, 지식 및 통찰력을 모으는 것이 필요하다. 집단 지향을 위해 모든 구성원의 참여와 협력이 필요하지만, 개인의 개성, 가치 또는 신념을 포기하라는 것은 아니다. 오히려 각 구성원의 개성이 중요하다. 가장 효과적이고 창의적인 해결책은 아이디어의 결합에서 나오기 때문에, 공식적이거나 잠재적인 결론 없이 다양한 아이디어와 정보를 가지고 미팅에 참여할 수 있어야 한다. 상사가 사전에 결정을 내리고 온 경우에는 토론이 어려워질 수 있다. 안전 문화 캠페인을 개발하는 데 몇 주 동안 노력했다고 가정해 보자. 본인의 의견도 중요하지만, 다른 구성원들의 의견이나 반응도 매우 중요하다. 방어적이기보다는 비판을 경청하고 회사를 위해 가장 효율적인 캠페인을 만들 기회로 생각하는 것이 좋다. 준비한 안이 최종안이라고 생각하기보다는 집단 목표와 토론에 기여할 수 있는 제안이라는 생각으로, 회의에서 자신의 의견을 수정할 수 있어야 한다. 쉽지는 않겠지만 모든 구성원의 의견에 열린 마음으로 집단 지향적인 자세를 가지는 동시에, 비판적으로 듣고 토론할 수 있어야 한다.

소통과 공감으로 가는 기법: 베개법(pillow method)

우리는 사람들과 다양한 목적을 가진 의사소통을 하면서, 나와 비슷한 생각을 하는 사람들보다 그렇지 않은 사람들이 더 많이 존재한다는 것을 경험한다. 모든 의사소통이 만족스럽고 원활하면 더할 나위 없이 좋겠지만 그렇지 않은 경우도 자주 경험한다. 그때마다 우리는 "역지사지(易地思之)"라는 말을 자주 사용하고 또 들어왔다. 자주 듣고 사용하는 말이지만 실천하기는 쉽지 않다. 상대방의 생각과 감정, 그 사람의 과거 경험, 그리고 현재 처해 있는 상황을 이해하는 것도 결국에는 '나'의 관점이기 때문이다. 특히, 유사한 경험이 없거나 생각하는 방식이 비슷하지 않은 상대방의 입장을 정확하게 파악하고 이해하기는 더더욱 어려운 일이다.

그렇지만 다양한 관점에서 특정 문제를 파악하는 능력은 의사소통과 상담 기술에서 매우 중요한 부분이다. 다양한 관점에서 문제를 바라볼수록, 결혼생활, 타인을 돕기, 설득 가능성, 승진 등 다양한 영역에서 더 만족스러운 의사소통의 결과를 얻을 수 있다.

다양한 관점을 가지는 것은 훈련을 통해 향상될 수 있다. 대표적인 기법이 베개법(pillow method)이다. 아래 그림처럼 네 가지 입장과 가운데 입장을 포함하고 있어서 베개법이라고 한다. 이 기법은 각 관점으로부터 문제나 상황을 바라보게 하여 대부분의 문제에서 가치 있는 통찰을 제공하며, 다양한 관점에서 문제를 좀 더 폭넓게 바라볼 수 있게 해 준다. 특히, 이 논리를 따라 간략하게라도 적어 보는 활동은 더 큰 효과를 줄 수 있다.

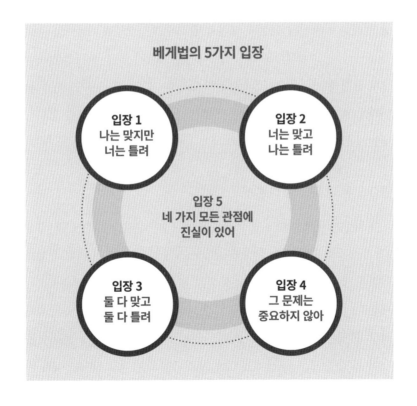

입장 1: 나는 맞지만, 너는 틀려

이 입장은 일반적으로 많은 사람들이 갈등이나 문제를 바라볼 때 취하는 관점이다. 대부분의 사람들은 자신의 관점에서 장점과 필요성을 찾고, 내 입장과 다른, 즉 동의하지 않은 사람들에게서는 단점과 잘못된 점들을 찾는다. 이 입장만을 취하는 것은 새로운 정보나 관점과의 거리를 멀게 한다.

입장 2: 너는 맞고 나는 틀려

이 입장을 통해, 나와 같은 문제를 다르게 바라보는 상대방이 어떻게 생각하고 있는지 깨달을 수 있다. 상대 의견이나 생각의 강점과 장점을 확인하고 자신의 단점과 약점을 발견하는 시간이다. 물론 쉽지 않다. 연습한다고 하더라도 입장 1로 다시 돌아가기 쉽다. 하지만 반복적으로 관점을 바꿔 보는 것의 장점이 있음을 기억하자. 동의는 하지 않더라도, 상대방이 왜 그런 행동을 했는지, 어떤 상황에서 그런 행동을 했는지 이해할 수 있게 된다.

입장 3: 둘 다 맞고 둘 다 틀려

이 입장은 나와 상대방 주장의 공통된 강점과 약점을 파악한다. 입장 1과 입장 2를 어느 정도 작성했다면 두 개의 관점 모두 몇 개의 장점과 단점을 동시에 가지고 있다는 것을 알 수 있다. 입장 3이 정리되면, 문제를 더 공평한 관점으로 볼 수 있게 되어 상대방의 관점을 더 잘 이해하고 덜 비판적으로 대할 수 있다. 나와 상대방 의견의 공통점을 찾는 것이다. 양쪽 모두 이 문제에 대해 많은 관심을 가지고 있다는 점과 의견 대립으로 상대방의 마음과 생각을 알아주지 못하고 있는 현 상황을 의식해야 한다. 이를 통해 양측이 공유하는 기본적인 목적과 가치는 유사하고 비슷한 실수들이 있다는 것도 알 수 있다. 그리고 보이는 것과 달리, 이 문제가 옳고 그름의 문제가 아니라는 것을 깨달을 수도 있다.

입장 4: 그 문제는 보이는 것만큼 중요하지는 않다.

가끔은 생각하는 것만큼 그렇게 중요하지 않은 문제로 갈등을 경험하는 경우가 있다. 그 문제가 더 중요한 다른 부분을 가리고 있다는 것을 파악한다면 논쟁의 중요성은 훨씬 약해질 것이다. 한 가지 문제에 대한 논쟁에 너무 몰두한 나머지, 상대방과 가까워질 수 있는 그리고 문제를 해결할 수 있는 다른 방법을 잊어버린 것은 아닌지 고민해 보라.

입장 5: 네 가지 모든 관점에 진실이 있다.

앞의 4가지 입장을 모두 작성한 후 마지막 단계는 각각의 입장들이 어느 정도 유익하다는 것을 인정하는 것이다. 논리적으로는 한 사람의 입장이 동시에 옳으면서 그를 수 없고, 중요하면서 동시에 중요하지 않을 수 없다고 생각할 수 있다. 하지만 하나의 문제를 다섯 가지 입장으로 살펴보면 확실히 새로운 통찰을 얻는다. 물론, 이 새로운 통찰이 당장 자신의 마음이나 의견을 바꾸거나 눈앞의 문제를 해결해 주지는 않는다. 하지만 다른 사람의 입장을 효과적으로 이해할 수 있고, 의사소통 분위기도 향상될 것이다.

일상생활에서 베개법을 사용해 보자. 처음에는 쉽지 않지만, 한 번 이해하기 시작하면 상호 이해 증가와 다양한 관점으로부터 많은 혜택을 얻을 수 있다. 여러분의 의견과 크게 다른 사람 혹은 견해를 골라 이를 적용해 본다면, 더 빨리 베개법을 이해할 수 있을 것이다. 집단에서는 전지와 포스트잇을 이용하면 된다.

충돌하는 의견이 여러분에게 중요하면 중요할수록 입장 2~5를 받아들이기 어려울 것이다. 하지만 논쟁이나 갈등을 잠깐 멈추고 다른 입장에서 문제를 이해하여 종이에 써 보는 활동은 소통에 매우 효과적이다. 결국에 다른 의견이나 입장을 수용하지는 않을 수는 있지만, 동시에 이해할 수 있을 것이다. 그리고 원활한 이해 과정이 있다면, 상대방에 대한 느낌이나 감정이 변화되었다는 것도 느낄 수 있을 것이다.

효과적인 피드백: 안전 대화하기

　체크리스트를 가지고 안전 관찰을 하는 직원들은 관찰 대상자에게 즉각적인 피드백을 제공하고 효과적인 안전 대화를 이끌도록 간단한 교육을 제공할 수 있다.

　현장 안전 관련 자료 수집(모니터링/관찰) 절차와 피드백 절차가 분리되는 경우가 있다. 여기서 있을 수 있는 단점은, 안전과 관련된 풍부한 피드백과 대화, 특히 안전 행동에 대한 긍정적 피드백을 제공하는 환경을 만들기 어렵다는 것이다. 안전한 행동을 하고 있는데도 긍정적인 피드백을 주지 않는 것은 '선물을 받고 "감사합니다"라고 말하지 않는 것'과 같다. 그리고 피드백 없이 관찰만 하면, 관찰자들은 안전 행동보다 불안전한 행동에 지나치게 신경 쓰게 될 수 있다. 한편으로는 실질적인 관찰이 아닌 단지 체크리스트라는 양식을 기록하는 행동(서류작업만 늘어남)만 하게 될 수도 있다. 또한, 의도와 달리 근로자들은 관찰자를 '잘못만 찾는 비밀 경찰'로 여길 수 있다.

이런 이유로, 관찰과 피드백은 함께 이루어지는 것이 좋다. 관찰자들은 가능하면 관찰할 때마다 피드백을 제공해야 한다. 하지만 예외적인 상황도 있다. 관찰 사항에 관해 대화하기 어려운 경우로, 소음이 심한 환경이나 근로자와 관찰자가 호흡 장치를 착용한 경우와 같은 특별한 상황에서는 즉각적인 피드백을 제공하기 어렵다. 이 경우에는 일정 기간 모니터링한 자료를 요약, 정리하여 팀, 부서원 전체가 모이는 정기적인 안전 회의에서 관련 자료에 대해 피드백을 주거나 대화를 하는 것을 권장한다.

그렇다면 관찰자들은 어떻게 피드백을 제공해야 하는가? 관찰자와 관찰 대상자는 관찰에 관해 대화를 나누어야 한다. 피드백 절차는 모든 관찰자가 받는 관찰 훈련에서 중요한 부분으로 다루어져야 한다. 관찰자는 관찰한 안전 행동/상태에 대해 요약해야 하며, 가장 중요한 안전 행동 한두 개 정도에 관한 대화를 나눈다. 예를 들어 "부상 위험을 최소화하기 위해서 해야 하는 안전 행동(개인보호구의 올바른 착용, 2인 1조, 정리 정돈 등)을 잘 준수하고 있어서 좋습니다."라고 말하거나, "○○씨가 개인보호구를 잘 착용하고 기계 주변 정리 정돈을 말끔하게 한 행동이 안전에 기여했다고 생각합니다."와 같이 말할 수 있다.

불안전 행동도 비슷하게 접근하면 된다. "제가 보기에는 이러한 불안전 행동(주변에 널려있는 작업 폐기물, 정리 정돈 안 됨, 추락 방지 벨트 미착용 등)이 걱정됩니다." 또는 "이러한 행동을 하게 되면 위험해질 수 있습니다."라고 말하거나 "추락 방지 벨트를 착용하지 않은 것이 걱정됩니다. 현재 작업 장소가 6층 높이이기 때문에 떨어지면 심각한 부상을 당할 수 있습니다."와 같이 관심과 걱정을 구체적으로 표현하는 것이 좋다.

추가적인 대화를 이어가기 위해 "어떻게 하면 좀 더 안전하게 작업을 할 수 있을까요?", "혹시 안전팀에서 도와주어야 할 부분이 있나요?"라고 질문을 할 수 있다. 불안전 행동에 대한 피드백을 줄 때는 지적하고 질책하기보다는 스스로 자신의 상황을 인식할 수 있도록 어떻게 하면 좀 더 안전할 수 있을지에 대한 교정적 피드백을 제공하거나 관련 대화를 이끌어야 한다.

다음 세 가지 단계는 긍정적 피드백과 교정적 피드백에 모두 효과적이다.

① 관찰한 행동을 이야기하라(그 이유에 대해 추론하지 말고 행동만 언급하라).
② 그 행동이 근로자 본인과 동료들에게 미치는 잠재적인 영향(발생할 수 있는 긍정적/부정적 결과)을 설명하라.
③ 교정적 피드백을 주는 경우, 근로자가 말하는 것을 경청하고 난 뒤 어떻게 행동이 변화해야 하는지에 대해 대화하는 형식을 따르는 것이 좋다.

교정적 피드백을 주기 부담스럽다면 잘하고 있는 행동에 대해 칭찬하고 감사하다는 표현을 하는 것도 좋은 피드백이 될 수 있다.

근로자의 대화에서 불안전한 행동을 할 수밖에 없었던 원인에 대한 정보를 얻을 수도 있다. "창고에 갔는데 사용 가능한 안전벨트를 찾을 수 없었고, 오늘 오후까지 작업을 마무리해야 해서 벨트 없이 작업했음"이 한 예가 될 수 있겠다. 직원들이 안전하게 작업을 하고 싶어도, 관련 장비나 도구가 충분히 제공되지 않는다면, 그리고 인력이 부족하거나 작업 시간이 촉박하다면 안전하게 작업을 할 수 없다.

관찰자는 근로자가 언급한 불안전 행동의 이유를 관찰지에 기록해야 한다. 이 기록은 후에 안전 관련 부서나 팀이 안전 실행 계획을 만들 때 중요하게 사용된다. 또한, 이 정보들은 기업의 산업안전보건위원회나 정기적인 안전 회의에서 중요하게 다루어질 필요가 있다.

근로자로부터 이러한 정보를 얻는 것은 안전 향상을 위해 중요하지만, 관찰자가 근로자를 추궁해서 정보를 얻어 내어서는 안 된다. 근로자와 관찰자 사이에 문제를 해결하기 위한 논의가 쌍방향으로 이뤄져야 한다. 특히 관찰자는 다음 유의사항을 염두에 두고 대화해야 한다.

① 수사 의문문(문장의 형식은 물음을 나타내지만, 정상적인 답변이 아닌 강요된 답변을 요구하는 의문문. 예를 들어 "안전모를 써야 하지 않을까요?", "그렇게 작업하면 다치지 않을까요?")으로 묻지 않아야 한다.
② "왜"로 질문을 시작해서는 안 된다. ①의 수사 의문문과 함께 사용하는 경우, 근로자들을 화나게 만들 수 있다.

미국의 화학 회사 듀퐁(DuPont)은 STOP(Safety Training Observation Program)이라는 안전 프로그램을 운영한다. 여기에서는 '두 가지 질문법(two-question)'을 사용하였다. 관찰자들은 두 가지 질문을 한다. 첫 번째는 불안전 상태나/행동을 발견했을 때 이로 인해 어떤 일이 일어날 수 있는지에 관한 질문이다. 이를 통해 근로자 스스로 위험한 상태/행동을 확인하고, 이로 인해 발생할 부정적인 결과가 무엇인지 대답하도록 이끈다. 대답 후에 관찰자는 어떻게 위험을 피할 수 있는지 묻는데, 이 두 번째 질문은 근로자들이 적절한 안전 행동이나 고쳐야 하는 행동을 스스로 확인할 수 있게 해 준다.

여기서, 잘못된 질문은 기대했던 교육 효과보다는 오히려 근로자들의 화를 불러일으킬 수도 있음에 유의해야 한다. 근로자들에게 "왜 그런 불안전 행동을 했는가?"와 같은 질문을 하는 것은 근로자들과의 건설적인 문제 해결에 도움이 되지 않으며 근로자가 자신을 방어하게 만드는 부정적 효과를 가져오기도 한다. 위험한 행동을 관찰하고 왜 그 행동을 했는지 물어보는 것은 결국 근로자가 잘못했다는 것을 인정하도록 유도하는 것이기 때문이다.

따라서 "왜" 대신 대신 "무엇이" 또는 "어떻게"로 시작하는 질문을 사용하는 것이 더 좋은 질문이라고 할 수 있다. 이 방법을 사용하면 근로자의 방어적인 태도를 방지할 수도 있다. "안전벨트 사용에 방해가 되는 것은 무엇인가요?"와 같은 질문은 "왜 보호 장비를 착용하지 않았습니까?"라고 묻는 것보다 훨씬 더 부드러운 질문 방식이다.

관찰 대상이 되는 소규모 구역의 근로자들이 같은 기술을 사용한다면, 관찰자는 해당 집단을 대상으로 피드백을 제공하거나 대화를 할 수 있다. 그러나 집단 구성원이 같은 지역에서는 일하지만 다른 작업을 한다면 개인별 피드백을 제공해야 한다. 관찰 후에는 집단 구성원들에게 가서 현재 그들이 잘하고 있는 행동이 무엇인지 말해 주고, 관찰한 불안전한 행동에 대해서 말하기 전에 구성원들과 함께 안전과 관련된 필요한 것들과 우려되는 부분을 논의하는 것이 좋다. 때로는 불안전 행동을 이야기하지 않고도 논의를 통해 원하는 정보를 얻을 수 있다.

무엇보다 중요한 것은 안전 관찰이 행동을 감시하는 것으로 인식되거나, 불안전 행동만 질책하고 불안을 조성해서는 안 된다는 것이다 (사람들은 불안하면 자신을 방어하거나 숨는다). 조직의 구성원들이 편하게 안전 관찰에 참여하고 관찰되는 것을 편하게 여겨 자신의 작업이나 작업장에 대한 안전 상태나 행동에 대해 많은 정보를 교환한다면, 그리고 이러한 자료들을 잘 수집하여 안전 개선을 위해 사용한다면, 안전 문화 확립은 그리 먼 이야기가 아닐지도 모른다.

방어적 대화와 지지적 대화

갈등 상황에서 모든 대화가 생산적이지는 않다. 생산적인 대화인지 혹은 부정적인 대화인지 판단할 수 있는 가장 좋은 방법 중 하나는, 의사소통 과정에 방어가 나타나는지 혹은 지지가 나타나는지를 확인하는 것이다. 일반적으로 부정적인 의사소통은 평가적이고, 통제하려 하고, 기만하거나, 무관심하거나, 우월성을 드러내거나, 확정적인 화법으로 상대의 방어 반응을 일으킨다. 다음 방어적 대화에 대한 설명을 읽고, 부정적인 의사소통을 만들지 않도록 유의해 보자.

1. 평가

대화하는 중에 상대방이나 그 사람이 한 일을 평가하거나 판단하면 (특히 부정적으로) 상대는 화를 내고 방어적인 태도를 보일 수 있고, 동시에 나에게 평가적이고 판단적으로 대응할 수 있다. 대조적으로, 상황이나 원하는 것을 구체적으로 설명하면 방어보다는 지지적인 모습을 보일 가능성이 크다. 평가(judgment)와 기술(description)의 차이는 너 메시지(you message)와 나 메시지(I message) 간의 차이점에서도 확인할 수 있다. 청자로서 평가 메시지(너 메시지)를 들으면 분노 또는 방어로 반응하겠지만, 기술 메시지(나 메시지)를 들으면 대화를 부드럽게 이어나갈 확률이 높다.

평가적인 너 메시지	기술적인 나 메시지
·당신이 어떻게 생각하고 느끼는지 도무지 알 수가 없다. ·당신은 이 일에 대해 전혀 계획을 세우지 않는다. ·당신은 나에게 전혀 전화나 연락을 하지 않는다.	·나는 당신이 이에 대해 어떻게 생각하는지 듣고 싶다. ·나는 앞으로의 계획에 대해 좀 더 구체적으로 알고 싶다. ·나는 당신이 더 자주 연락하고 전화했으면 좋겠다.

2. 통제

한쪽에서 행동을 통제하려 하면, 즉 어떤 일을 하도록 명령할 때, 또는 토론 과정 중에 동의 없이 결정을 내릴 때 다른 쪽에서는 방어적인 반응이 나타난다. 통제 메시지는 그 사람이 기여한 점을 부정하는 것이고, 상대의 중요성을 부인하는 것이다. 반면에 문제에 집중하면—상황을 통제하거나 본인만의 방식을 취하는 것이 아니라—방어적인 반응은 훨씬 더 감소한다. 문제에 집중할 때 상호 참여를 유도할 수 있고, 서로 중요하게 노력한 점이 있음을 인식할 수 있다.

3. 기만

대화하면서 상대방을 속이거나 조작을 통해 상대나 갈등 상황을 피하려고 할 때—특히 자신의 목적을 은폐할 때—상대는 화를 내고 이에 대해 방어적으로 대응한다. 자발적으로 솔직하게 대할 때 평등하고 진솔한 분위기를 조성할 가능성이 더 크다.

4. 무관심

대화 중에 상대에게 무관심하다는 모습을 보일 때—무관심하거나 상대를 고려하지 않은 태도—방어적인 반응이 나타날 수 있다. 무관심은 상대의 생각이나 감정에 공감하지 않고 관심이 없는 것을 말한다. 특히 친밀한 사람들과 갈등을 겪을 때 무관심한 모습은 부정적인 결과를 가져온다. 무관심한 화법은 사실상 "당신은 나에게 중요하지도 않고 관심을 가지고 배려할 가치가 없다"는 의미로 해석될 수 있다. 반면에, 화자가 공감하는 모습을 보이면 청자의 방어적인 모습은 감소한다. 갈등 상황에서의 공감은 특히 어려울 수 있지만, 상대방이 어떤 어려움을 겪고 있는지 이해하고 공감한다는 것을 보여 줄 필요가 있다.

5. 우월

자신이 상대보다 우월하다고 생각하면 상대를 열등한 입장으로 간주하게 되고, 이는 상대를 화나게 할 수 있다. 우월 메시지는 상대가 부적절하거나 낮은 계급이라는 생각을 내포한다. 이러한 태도는 친밀한 사람들이 가지고 있는 암묵적인 평등 계약을 위반하는 것이다. 우월 메시지를 들은 상대는 우월함을 표현하는 말이나 행동을 공격할 수 있다. 갈등은 누가 더 우위에 있는지에 대한 갈등으로 변질되고, 갈수록 서로 공격하는 양상으로 변할 수 있다.

6. 확정

확정적인 모습을 보이는 사람(모든 것을 알고 있는 것처럼 보이는 사람)과 대화하는 상대는 부정적인 태도를 보일 가능성이 크고, 대화에는 방어적인 분위기가 조성된다. 한 사람이 이미 답을 가지고 있다면 협상이나 상호 문제 해결의 여지가 사라지기 때문이다. 열린 태도—"이 문제를 함께 고민하고 해결책을 찾아보자"—가 완고함—"내가 말한 대로 해야 한다. 그것은 유일한 방법이다"—보다 훨씬 생산적이다.

이와 같은 방어적 대화를 지양하고 지지적 대화를 이루려면 많은 요소를 고려해야 한다. 지지하고 위로하려고 하는 말이, 때로는 지지적이지 않고 차가운 위로(cold comfort)가 되는 경우가 있다. 특히 다음과 같은 경우를 조심하라.

1) 상대방의 감정을 부정할 때

"걱정하지 않아도 돼", "잘 될 거야", "다른 사람들도 힘들어"와 같은 말들은 상대방을 안심시키기 위해 하는 말이지만, 이 말들에는 상대방이 다른 감정을 경험하기를 원한다는 전제가 있다. 역설적이지만 이렇게 안심을 주려는 말은 효과가 거의 없다. 오히려 고통을 경험하는 사람들의 감정과 관점을 인정하고, 넓혀 주고, 정당화해 주는 메시지가 그들의 감정을 부정하는 메시지보다 더 도움이 된다.

2) 상황의 중요성을 축소할 때

"단지 지나가는 과정이야", "더 큰 일들도 많아"라는 말을 들었던 경험을 생각해 보라. 이런 말들은 오히려 상처를 증폭시킨다. 친구 생일 파티에 초대를 받지 못한 아이들에게, 상사에게 혼난 직원에게 그 상황의 중요성을 평가 절하하는 말은 효과적인 지지가 되기 어렵다.

3) '지금 여기'보다 '그때 거기'에 초점을 맞출 때

"더 좋은 날이 올 거야", "2년만 지나면 다 잊게 될 거야", "나중에는 이 일이 술안주가 될 거야"와 같은 말은 사실일 수도 있지만, 오늘 힘든 감정을 경험하고 있는 사람들에게 위안이 되기는 어렵다.

가장 도움이 되는 것은 상대방의 노력을 인정해 주고 상대방이 경험하는 감정을 인정하는 표현이다. "이 일로 상당히 힘들겠네요. 그 일이 중요했을 텐데 결과가 좋지 않아서 아쉽네요"라고 스트레스, 상처, 슬픔의 시기에 있을 때, 감정 이입해서 경청하고 배려하는 것보다 더 큰 도움은 없다. 추가하자면, 상대방이 원할 때 조언과 충고 혹은 직접적인 도움을 제공하는 것이 바람직하다.

9장

스트레스, 사고를 예측하는
지표가 될 수 있을까?

스트레스: 불안전한 행동의 전조증상

스트레스는 산업 재해를 증가시킨다. 심리학은 다양한 이론과 모델로 이를 설명했다. 구체적으로, 스트레스는 뇌의 작업 기억(working memory)을 점유하여 근로자의 주의집중을 방해한다. 또한, 위험 단서에 주의를 덜 기울이게 하여, 실수를 유발하는 등 각종 사고를 증가시키는 주요한 요인이 된다. 이렇게 발생한 실수나 인적 오류는 인간을 다시 스트레스에 취약하게 한다.

심리학자들은 스트레스가 다음과 같은 메커니즘을 따라 사고에 영향을 미친다고 말했다. 먼저, 직장, 가족, 재정, 사회적 요인들과 관련된 스트레스가 불안, 피로, 낮은 근로 의욕, 음주와 같은 반응을 증가시킨다. 이것이 신체적/정신적 자원 감소로 이어지고, 정확성, 반응시간, 주의, 의사결정/판단/기억에 부정적인 영향을 미치게 된다. 이는 부적절한 장비 조작이나 위험한 행동과 같은 불안전 행동을 증가시키고 결국 사고로 이어질 수 있으며, 다시 스트레스를 증가시키고, 반응과 자원에도 부정적인 영향을 미치는 악순환이 일어난다.

스트레스는 불안전한 행동을 하게 한다.

그렇다면 실제 스트레스가 사고에 미치는 영향이 객관적인 자료로 검증되었을까? 관련 연구가 국내에 많지는 않지만, 기관사, 경찰, 항공사, 간호사, 운전자 등을 대상으로 한 연구 결과들은 일관적이었다. 스트레스 수준이 높을수록 인지 실패가 증가하고, 안전 행동이 감소하며, 인적 오류나 사고가 증가한다는 내용이다. 스트레스가 안전 행동이나 인지 실패보다 사고 경험과 더 큰 관련성이 있다는 결과도 있었다.

이란의 한 사례를 살펴보자. 한 자동차 조립 회사에서 12개의 부서를 대상으로 부서별 불안전 행동과 스트레스 그리고 사고 발생 간의 관계성을 조사하였다. 스트레스로는 개인별로 대인관계, 업무 부담, 직무 흥미도를 측정하였고, 부서별로 평균값을 내었으며, 안전 행동은 설문 대신 145~400회의 부서별 직접 관찰을 통해서 불안전 행동 비율을 계산하였다. 그리고 부서별 사고 자료를 활용하였다. 불안전 행동과 스트레스가 사고에 미치는 효과를 분석한 결과, 스트레스가 높은 부서일수록, 그리고 불안전 행동을 많이 하는 부서일수록 사고율이 높았다. 그리고 불안전 행동보다 스트레스가 사고에 좀 더 큰 영향을 미치는 것으로 나타났다.

종합해 보면 스트레스가 불안전 행동 혹은 인적 오류를 유발하기도 하지만, 사고에 직접적인 영향을 줄 수도 있다는 것을 알 수 있다. 또한, 스트레스가 불안전 행동을 증가시키는 영향을 추가로 고려한다면 사고에 미치는 영향은 더 클 것이라 예상할 수 있다.

산업안전보건기준에 관한 규칙 제669조 직무스트레스에 의한 건강장애 예방 조치에는 '작업환경·작업내용·근로시간 등 직무스트레스 요인에 대해 평가하고 근로시간 단축, 장·단기 순환작업 등의 개선 대책을 마련하고 시행할 것'이라는 내용이 포함되어 있다.

사실, 많은 기업들은 근로자들의 스트레스를 1년에 한 번씩 측정하고 있다. 하지만 이는 법적인 요구사항을 충족시키기 위함일 뿐, 이 자료를 활용하는 기업은 많지 않다. 스트레스 측정 자료를 부서별로 정리하여 분석하면 스트레스가 증가하는 양상을 보이는 부서를 알 수 있다. 이는 곧 그 부서의 사고 발생 확률이 높음을 의미하며, 이를 미리 알고 사전 예방적인 조치를 취할 수 있을 것이다. 스트레스 수준이 사고의 전조증상이 될 수 있다는 것을 고려하며 회사에 있는 스트레스 자료를 활용해 보자.

건강한 직원이 건강한 조직을 만든다: 스트레스의 영향

대부분은 스트레스를 부정적으로 이야기하고, 불필요하거나 불안한 것으로 인식한다. 하지만 적절한 수준의 스트레스는 개인에게 적절한 수준의 각성을 제공하고, 도전하는 느낌을 주기도 하며, 업무 수행을 준비하게 하는 긍정적인 영향을 미칠 수 있다. 그리고 이러한 스트레스를 잘 극복한 사람은 성취감을 경험하기도 한다.

하지만 너무 큰 압박이나, 만성적인 스트레스, 해결할 수 없는 스트레스는 우리의 행동과 생각, 감정에 직, 간접적으로 부정적인 영향을 미친다.

구체적으로 직접적인 영향을 살펴보자. 위험하다고 판단되거나, 내가 처리할 수 없는 업무를 받거나, 지속적인 갈등을 경험하는 상황에 노출되면 우리 몸의 시상하부는 교감신경계를 활성화하고 여러 반응을 일으킨다. 심박수, 호흡, 근육긴장, 신진대사, 혈압이 증가하고, 많은 양의 피가 근육으로 몰리면서 손과 발은 차가워진다. 장운동이 감소하고, 동공은 확대된다. 물론 이러한 반응은 상황에 더 효율적으로 대응할 수 있도록 돕지만, 스트레스가 만성화되면 이러한 반응이 사라지지 않고 계속 유지된다. 이로 인해 피로, 두통, 근육통, 땀, 복통 등과 같은 신체적 증상과 집중력이나 기억력 감소, 우유부단, 마음이 텅 빈 것 같은 느낌, 혼동, 불안, 우울, 분노, 좌절감, 근심 걱정, 인내 부족과 같은 심리적 증상, 그리고 안절부절못함, 욕설, 공격 등의 행동이 나타난다.

과도한 스트레스는 질병을 유발하거나 건강을 악화시키는 행동에 간접적인 영향을 미치기도 한다. 구체적으로 스트레스 수준이 높은 사람들은 고열량의 음식을 많이 먹고, 과일과 야채는 적게 먹으며, 운동을 덜 하고, 담배를 피우며, 술을 마실 가능성이 크다. 이러한 행동들은 심장질환이나 간질환 같은 다양한 질병의 또 다른 원인이 된다.

스트레스는 수면에 영향을 주기도 한다. 스트레스로 인한 고각성 상태가 유지되거나 걱정이 많아지면 수면 시간이 줄어들거나 잠을 자더라도 숙면하지 못할 수 있다. 이러면, 수면 부족으로 인해 주의력이 떨어져 작업을 할 때 사고가 발생할 확률이 높아진다. 여러 심리학 연구들은 스트레스는 지적인 수행 능력을 감소시키고 이러한 스트레스가 사고를 유도하게 되면 이것이 향후 다시 스트레스의 요인이 되는 것을 증명하였다. 또한, 스트레스가 높을수록 안전 행동은 감소하고 사고는 증가하는 경향을 보였다.

이러한 스트레스는 안전사고의 가능성을 높일 뿐만 아니라 기업의 생산성을 감소시키고 비용도 증가시킨다.

보건복지부의 2014~2017년 3월까지의 조사에서 스트레스를 받고 있다는 응답은 93.3%에 달했고 스트레스를 많이 받는다고 응답한 사람은 30대가 38.7%, 20대는 36.9%였다. 그리고 스트레스를 받는 곳 1위(21만 1,394명)가 회사였다. 이 외에도 김희연(창조경제연구부 연구위원)의 '경기도민 스트레스 비용 낮추기' 보고에 따르면 직장인 중 72.9%가 스트레스를 경험하고 있고 이 중 7.1%는 극도의 스트레스를 받고 있다고 하였다. 스트레스를 심하게 받은 일수는 월평균 9.4일이고 스트레스로 인한 생산성 감소가 46.2%에 달했다. 이로 미루어 보아, 스트레스로 인해 업무효율이 떨어짐으로써 발생하는 생산성 감소 비용은 상당히 크다고 할 수 있다.

따라서 스트레스는 개인뿐만 아니라, 가족, 기업 모두에 부정적인 영향을 미칠 수 있다. 건강한 직원이 건강한 조직을 만든다. 직원들의 신체 건강과 정신건강에 투자하는 것이 조직의 안전과 생산성을 증가시킬 장기적인 방안이다.

스트레스를 친구로 만들어라

지난 한 해 동안 당신이 받은 스트레스 정도는 아래 중 어느 보기에 해당하는가.

1) 지난 한 해 동안 스트레스를 전혀 받지 않았다. 즉 거의 받지 않았다.

2) 지난 한 해 동안 스트레스를 많이 받지 않았다. 즉 적게 받았다.

3) 지난 한 해 동안 스트레스를 어느 정도 받았다. 즉 적당한 수준이었다.

4) 지난 한 해 동안 아주 많은 스트레스를 받았다. 즉 힘든 적이 꽤 있었다.

그동안 직업 건강 심리학(occupational health psychology) 영역에서는 스트레스를 이롭기보다는 부정적인 영향이 많은 것으로 간주해왔다. 스트레스는 만병의 근원이었고, 감기부터 심혈관계 질환의 위험을 증가시키는 것으로 간주해왔다. 스트레스는 사람들의 적이었다.

하지만 최근 연구 결과들은 스트레스에 관한 생각을 변화시킬 필요가 있다고 주장한다. 대표적으로 미국의 국가 건강 인터뷰 조사(National Health Interview Survey) 연구에서는 1998년부터 2006년까지 8년 동안 성인 약 3만 명의 스트레스를 추적 조사했다. 가장 큰 질문은 "지난 한 해 동안 당신은 스트레스를 얼마나 경험하셨습니까?"였다. 그리고, "당신은 스트레스가 건강에 해롭다고 믿으시나요?"라고 추가로 질문하였다.

참가자들의 사망 여부를 분석한 결과, 지난해 많은 스트레스를 경험한 사람들은 그렇지 않은 사람들보다 사망할 위험성이 43% 더 높았다. 더 놀라운 것은 이러한 효과가 스트레스는 건강에 매우 해롭다고 믿는 사람들에게서만 발생했다는 것이다. 스트레스를 많이 받아도 스트레스가 건강에 해롭지 않다고 생각하는 사람들은 사망과 관련이 적었고, 오히려 이러한 사람들의 사망확률은 스트레스를 거의 받지 않은 사람들과 유사하였다.

이는 스트레스 자체보다는 스트레스가 본인에게 나쁜 영향을 미친다는 믿음이 부정적인 결과를 유발한다는 점을 시사한다. 그렇다면 스트레스에 관한 생각의 변화가 사람들을 더 건강하게 만들 수 있을 것인가? 그렇다. 스트레스에 관한 생각의 변화는 신체의 반응을 바꾸는 힘을 가진다.

일반적으로 사람들은 평가자들 앞에서 발표하거나 어려운 문제를 풀어야 할 때, 그리고 평가자의 반응이나 표정이 좋지 않을 때 스트레스를 받을 것이다. 심장은 빨리 뛰고, 호흡도 빨라지고, 땀도 난다. 우리는 보통 이러한 변화를 불안하거나 상황에 잘 대처하지 못하는 신호라고 해석한다. 하지만 신체의 변화는 문제 상황을 해결할 에너지를 얻기 위한 반응이라고 생각하면 어떨까? 하버드 대학의 한 실험연구에서는 스트레스를 주는 상황 전에 스트레스 반응이 유익한 것이라는 교육을 제공했다. 교육을 받은 참가자들은 교육을 받지 않은 참가자들보다 스트레스를 덜 받았고, 덜 긴장했고, 자신감을 보였다. 심지어, 혈관도 더 이완되었다. 심장은 빨리 뛰고 혈관은 넓어지는 신체적 반응은 용기에서의 생리적 반응과 유사하다. 생각의 변화가 생리적 변화를 가져온 것이다.

따라서, 스트레스를 부정적인 것으로 보고 제거하기보다는 스트레스를 긍정적으로 해석하는 것이 스트레스에 더 잘 대처하게 해 주고 우리의 삶을 더 건강하게 만들어 줄 수 있다.

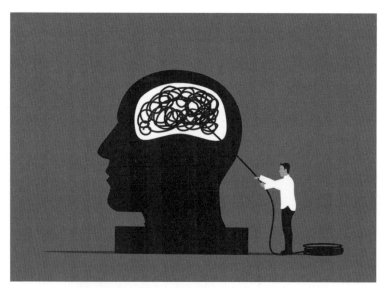

스트레스를 좋은 것으로 해석하면 그에 더 잘 대처할 수 있다.
두려워 말고 스트레스와 친구가 되어 보자.

스트레스 관리 방법

    스트레스는 우리 삶의 일부이며 항상 부정적인 영향만 미치는 것은 아니다. 적절한 수준의 스트레스는 동기를 부여하고 능률을 높이기도 한다. 하지만 과도하고 만성적인 스트레스는 신체 및 정신건강에 부정적인 영향을 미친다. 그렇다면 스트레스의 부정적인 효과를 줄이기 위한 구체적인 방법에는 무엇이 있을까?

    스트레스를 관리하는 방법은 여러 가지가 있고, 다양한 스트레스 관리 기법들은 스트레스의 원인과 종류, 그리고 개인의 여러 가지 상황이나 조건 등을 고려하여 적용될 수 있다. 먼저 본인이 스트레스를 얼마나 받고 있는지 파악하는 것이 중요하고, 개인의 성격, 일상적인 생활 습관, 그리고 본인이 스트레스를 받았을 때 사용했던 기존의 방법들을 파악하는 것도 중요하다. 사람들은 스트레스에 건설적이지 않은 방법으로 대처하기도 한다. 예를 들면, 흡연, 과음, 과식, 과다수면, 너무 오래 TV나 컴퓨터를 보는 것, 피하고 일을 지연시키는 것, 스트레스를 다른 사람들(부하, 가족 등)에게 푸는 것, 대인관계를 피하는 것 등이 있다.

스트레스에 대처하는 방법이 본인의 신체와 정신건강에 영향을 끼친다는 것을 이해했다면, 이제는 건강한 스트레스 대처법을 찾아야 한다. 방법은 다양하지만, 공통적인 목표는 스트레스 상황을 해결하거나 스트레스에 대한 반응을 바꾸는 것처럼 '무언가를 변화시키는 것'이다. 그리고 사람마다 스트레스에 대한 반응이 다르기 때문에, 모두에게 획일적으로 적용되는 특정 방법을 찾기보다는 개인에게 적합한 방법을 찾는 것이 중요하다.

1. 우선 스트레스 관리 기법 중 가장 기초가 되는, **불필요한 스트레스를 피하는 법**에 대해 알아보자

1) 거절하는 법 배우기

자신의 한계(시간적, 신체적, 능력적인 측면을 고려)를 알고 이에 충실한 것이 좋다. 사적인 일이나 공적인 일을 하는 데 있어 자신의 한계에 다다르게 된다면 그 이상의 일은 정중히 거절하는 것이 좋다. 물론 거절이 쉽지 않을 수도 있지만, 한계를 넘어선 부탁을 받아 일과 나를 망치는 것이 더 나쁜 결과로 이어질 수 있기 때문이다. 그리고 나를 평가하는 데 있어서 내가 남에게 얼마나 필요한 사람인지에 따라 자신의 가치를 매기지 않는 것이 중요하다. 거절할 때는 단호한 거절보다는 "내가 처한 상황이 이렇다", "미안하지만 더는 못할 것 같다"와 같이 완곡하게 거절하는 것이 좋다. 부탁을 거절하기 전에 잠깐 시간을 달라고 하고 난 후, "업무 일정을 확인해 보니, 이번에는 도와주기가 어려울 것 같다" 등의 이유를 들어 거절하는 것도 좋은 방법이다.

2) 환경 통제하기

만약 뉴스를 시청하는 것이 스트레스를 유발한다면 뉴스 시청을 최소화하거나 그 시간에 다른 활동을 계획하는 것이 좋다. 교통 체증 때문에 짜증이 자주 난다면, 막히지 않은 길로 돌아간다거나, 다른 교통수단을 활용하는 것이 좋을 수 있다.

3) 논쟁을 일으키는 대화 주제나 상대 피하기

종교나 정치와 같이 개인의 가치관이나 신념 등이 강하게 반영되고 잘 바뀌지 않는 대화 주제는 피하는 것이 좋다. 논쟁이 격해져 부정적인 감정이 들면 관계가 악화될 수 있기 때문이다. 또한, 누군가가 계속 스트레스를 주고 그 사람과의 관계는 좋은 방향으로 회복하기 어려운 상황이라면, 그 사람과 보내는 시간을 줄이거나 관계를 종료하는 것이 적절한 방법일 수 있다.

4) 할 일 줄이기

현재 자신의 스케줄과 맡은 책임, 그리고 매일 해야 할 일을 분석해 보라. 너무 많은 일을 하고 있거나 계획되어 있다면, 꼭 해야 하는 일과 그렇지 않은 일 그리고 시급성과 중요도를 기준으로 일을 구분하여 처리하고, 일을 줄일 수 있다면 줄이는 것이 좋다.

2. 스트레스에 관한 생각 바꾸기

스트레스에 대한 본인의 반응이나 생각을 바꾸는 것도 방법이 될 수 있다. 스트레스에 대한 기대나 태도를 변화시키면, 스트레스 상황에 조금이라도 적응할 수 있고, 어느 정도는 스트레스를 조절할 수도 있다. 스트레스 조절에서 가장 중요한 것은 스트레스에 대한 평가이다. 내가 받은 스트레스를 어떻게 생각하느냐에 따라 스트레스는 약이 될 수도, 독이 될 수도 있다. 스트레스를 피할 수 없는 상황이라면 다음과 같이 대처해 보자.

1) 사람이 항상 완벽할 수는 없다

한 사람이 모든 일을 완벽하게 할 수는 없다. 사람마다 잘할 수 있는 일이 있고 그렇지 않은 일이 있다. 특히 다른 사람의 능력이나 실력을 믿지 못해 반드시 본인이 다 챙겨야 한다고 생각하거나 마무리를 지어야 한다는 강박관념은 스트레스의 주요 원인이다. 혹은 다른 사람과의 경쟁에서 이기기 위해 혼자서 모든 일을 끌어안고 끙끙대는 것도 또 다른 예가 될 수 있다. 주변에 적절한 도움을 받거나 권한을 위임하는 것이 필요하다. 본인이 잘하는 일이 있다면 이에 대한 자부심을 가지되, 남들보다 부족한 면이 있다면 인정하는 것도 필요하다. 불완전한 사람이 불완전한 사람들과 불완전한 환경에서 살아간다고 생각하는 것이 좋다.

2) 기준을 수정하자

혼자서 완벽한 결과물을 만들겠다거나 다른 사람에게 완벽한 일을 요구하는 것보다, 합리적이고 적절한 수준의 기준을 가지는 것이 좋다. 스스로 만든 기대치에 스트레스받지 말고, 현실적인 기준을 갖는 것이다. 예를 들어, 한 학부모가 자녀에게 원하는 성적의 기준은 90점 이상이라 하자. 모든 아이가 이러한 기준을 충족시킬 수는 없다. 내 자녀의 실력이나 특성을 파악하여 적절한 기준을 설정하는 것이 필요하다. 회사에서도 직원들의 경력이나 실력 등을 파악하여 적절한 수준의 과제를 주어야 한다.

3) 문제를 재조명해 보자

스트레스 상황은 나를 짜증나고 힘들게 한다는 것보다는 좀 더 긍정적인 관점에서 바라보고 해석하는 것이다. 예를 들어, 교통이 정체된 상황에서는, 음악을 들으면서 잠시 쉬어간다고 생각하거나, 향후 일정에 대해 생각해 보는 시간이라고 생각하면 좋을 것이다.

4) 좀 더 장기적인 관점이나 큰 맥락에서 상황을 보자

현재 스트레스 상황이 장기적으로 봤을 때 자신에게 도움이 될 수 있는지 생각해 보는 것도 도움이 된다. 예를 들어 추가적인 안전 활동이 지금 당장은 번거롭고 귀찮을 수 있지만, 장기적으로는 나와 동료들의 사고 예방에 도움이 될 수 있다. 거시적인 관점에서는 팀이나 부서에도 도움이 될 수 있다.

5) 긍정적인 사고를 하도록 노력하자

사람의 생각과 몸은 서로 영향을 주고받기 때문에 긍정적인 생각은 스트레스를 감소시키고 질병 예방에도 효과가 있다. 긍정적인 생각을 늘리려면, 훈련이 필요하다. 나보다 더 힘든 사람들을 생각한다거나, 작지만 감사할 것을 찾아 감사 일기를 쓰는 것도 도움이 될 수 있다. 단순한 기법이지만, 행복한 삶을 살아가는 데 효과적일 것이다.

3. 바꿀 수 없는 것은 즐겨라(인정하라)

스트레스 발생 자체를 피할 수 없는 경우도 있다. 가족 혹은 친한 사람들의 심각한 질병이나 죽음과 같은 스트레스는 바꿀 수 없거나 예방하기가 어렵다. 이러한 스트레스에 대응할 수 있는 방법은 상황을 그대로 인정하고 받아들이는 것이다. 이러한 사건들을 있는 그대로 수용하기는 쉽지 않지만, 바꿀 수 없는 상황에 맞서거나 저항하는 것보다는 쉬운 편이다. 구체적인 방법들은 다음과 같다.

1) 감정을 공유하자

믿을 수 있는 가족이나 지인에게 자신이 경험한 힘든 일에 대해 솔직하게 이야기하거나, 전문적인 상담가에게 상담을 받는 것이 도움이 된다. 스트레스 상황 자체를 바꾸지는 못해도, 스트레스로 인해 발생하는 괴로운 감정을 정화하는 효과를 줄 수 있다.

2) 용서하는 것도 필요함을 기억하자

불완전한 개인이 불완전한 사람들과 불완전한 세상에서 살고 있다. 완벽한 사람도 없고, 완전한 시스템이나 사회도 없다. 사람들은 의도와 상관없이 실수할 수 있다. 이러한 점을 수용하는 것이 필요하다. 화가 나는 감정을 붙잡고, 다시 떠올리면서 괴로워하는 것은 오히려 자신에게 부정적인 영향을 미친다. 잦은 화와 분노는 화를 내게 한 상대방보다 화를 내는 나의 정신과 신체 건강에 더 부정적인 영향을 미친다. 상대방을 용서하는 마음을 갖는 것은 이러한 부정적인 감정에서 벗어나게 해 준다. 나의 건강을 위해 용서하는 것도 필요하다.

3) 상황을 다른 면에서 생각해 보자

스트레스 상황을 성장이나 도전의 기회로 보는 것이 도움이 될 수 있다. 아직 일정이 충분히 남아 있는데도 상사가 어떤 일을 재촉한다면, 어차피 해야 할 일이었는데, 조금 일찍 한다고 생각하거나, 잔소리가 심하다고 생각하기보다는 나를 걱정해 주는 것으로 생각하며 스트레스를 줄일 수 있다. 그리고 내 생각이나 행동이 스트레스를 발생시키거나 증폭시켰다면, 이를 되돌아보고 실수로부터 배우는 기회였다고 생각하는 것이 잘못을 되새김질하는 것보다 나은 방법이다.

4) 변화시킬 수 없는 것을 변화시키려고 하지 말자

다른 사람의 성격이나 가치관을 변화시키기는 어려운 것처럼 삶의 많은 부분은 우리의 의지나 계획대로 통제하기 어렵다. 따라서 나의 노력이나 의지로 바꿀 수 없는 것을 바꾸려고 애쓰기보다는, 그나마 내가 변화시킬 수 있는, 상대방의 행동이나 말에 대한 반응을 변화시키는 것에 노력을 기울이는 것이 도움이 된다.

5) 이완하는 시간을 갖자

자기 자신을 직접 돌보는 시간이나 방법을 찾는 것이 스트레스를 줄일 수 있다. 정기적인 여가나 이완시간을 확보하고, 이를 통해 휴식, 재충전하는 것이 스트레스를 줄이는 데 도움이 된다. 특히 자신이 좋아하는 취미나 여가 시간을 보내는 방법을 찾는 것이 좋다. 자연에서 시간을 보내거나(산책, 걷기, 등산 등) 음악을 듣고, 사우나 혹은 반신욕을 하거나 마사지를 받는 것, 독서를 하는 것, 뜨개질이나 공예를 하는 것 등 본인이 좋아하는 것에 몰입하거나 스스로 이완할 수 있는 일을 찾고 이를 즐기는 것이 스트레스 해소에 도움이 된다.

업무 스트레스 진단

일반적으로 스트레스는 만병의 근원이라고 한다. 일시적인 스트레스는 크게 문제가 되지 않지만, 스트레스가 오래 지속되고 심해지면 피로, 두통, 근육통, 땀, 복부 통증 등과 같은 신체적 증상과 집중력 및 기억력 감소, 우유부단, 마음이 텅 빈 것 같은 느낌, 혼동, 불안, 우울, 분노, 좌절감, 근심 걱정, 인내 부족과 같은 심리적 증상, 그리고 안절부절못함, 과식, 과음, 흡연, 울거나 욕설, 공격적 행동 등의 행동적 증상이 나타난다. 이러한 증상들이 계속되면 신체 및 정신건강에 심각한 영향을 미치게 된다.

괜찮다고, 남들도 다 견디면서 살고 있다고, 이런 것들을 이겨낼 수 있어야 한다고 생각하며 넘어갈 수 있지만, 직장인들은 업무를 하면서 알게 모르게 스트레스를 많이 받기도 한다. 이러한 스트레스를 관리하기 위해, 기본적으로 본인이 스트레스를 어느 정도 받고 있는지를 진단하고 파악해야 한다. 다양한 스트레스 진단 척도가 있지만, 우선 업무에서 받는 스트레스를 파악하는 것이 필요하다. 업무 스트레스와 피로는 산업 안전과 보건 영역에서 중요한 요인이기 때문이다.

아래 제시된 진단지는 한국산업안전공단의 지원으로 개발된 업무 스트레스 진단 도구이다. '한국인 직무스트레스 측정도구의 표준화 전국조사 연구'를 통해 개발되었다. 스트레스 점수의 계산법이 있고 남녀 간에 약간의 차이가 있기는 하지만, 문항의 전체 합이 60점이 넘는다면 상위 25%에 해당하는 점수이니, 참고하여 진단해 보자. 본인의 점수가 60점 이상이라면, 다른 직장인들보다 높은 스트레스에 노출되어 있다고 판단할 수 있다. 신체에 대한 정기적 검진과 스트레스를 줄이기 위한 대책이 필요할 것이다.

[업무 스트레스 진단 도구]

번호	질문 내용	전혀 그렇지 않다	그렇지 않다	그렇다	매우 그렇다
1	나는 일이 많아 항상 시간에 쫓기며 일한다.	1	2	3	4
2	업무량이 현저하게 증가하였다.	1	2	3	4
3	업무 수행 중에 충분한 휴식(짬)이 주어진다.	4	3	2	1
4	여러 가지 일을 동시에 해야 한다.	1	2	3	4
5	내 업무는 창의력을 필요로 한다.	4	3	2	1
6	내 업무를 수행하기 위해서는 높은 수준의 기술이나 지식이 필요하다.	4	3	2	1
7	작업시간, 업무수행과정에서 나에게 결정할 권한이 주어지며 영향력을 행사할 수 있다.	4	3	2	1
8	나의 업무량과 작업스케줄을 스스로 조절할 수 있다.	4	3	2	1
9	나의 상사는 업무를 완료하는데 도움을 준다.	4	3	2	1
10	나의 동료는 업무를 완료하는데 도움을 준다.	4	3	2	1
11	직장에서 내가 힘들 때 내가 힘들다는 것을 알아주고 이해해 주는 사람이 있다.	4	3	2	1
12	직장사정이 불안하여 미래가 불확실하다.	1	2	3	4
13	나의 근무조건이나 상황에 바람직하지 못한 변화(예, 구조조정)가 있었거나 있을 것으로 예상된다.	1	2	3	4
14	우리 직장은 근무평가, 인사제도(승진, 부서배치 등)가 공정하고 합리적이다.	4	3	2	1
15	업무수행에 필요한 인원, 공간, 시설, 장비, 훈련 등의 지원이 잘 이루어지고 있다.	4	3	2	1
16	우리 부서와 타 부서 간에는 마찰이 없고 업무협조가 잘 이루어진다.	4	3	2	1
17	일에 대한 나의 생각을 반영할 수 있는 기회와 통로가 있다.	4	3	2	1
18	나의 모든 노력과 업적을 고려할 때, 나는 직장에서 제대로 존중과 신임을 받고 있다.	4	3	2	1
19	내 사정이 앞으로 더 좋아질 것을 생각하면 힘든 줄 모르고 일하게 된다.	4	3	2	1
20	나의 능력을 개발하고 발휘할 수 있는 기회가 주어진다.	4	3	2	1
21	회식자리가 불편하다.	1	2	3	4
22	기준이나 일관성이 없는 상태로 업무 지시를 받는다.	1	2	3	4
23	직장의 분위기가 권위적이고 수직적이다.	1	2	3	4
24	남성, 여성이라는 성적인 차이 때문에 불이익을 받는다.	1	2	3	4

양질의 수면이 안전을 보장한다

가장 좋은 휴식은 신체적/정신적 자원을 획득할 수 있는 휴식이다. 자원 확보를 위해서는, 무엇보다 충분한 수면이 중요하다. 잘 자지 못하면서 건강한 사람은 없다. 하지만, 직장에서의 의사결정 때문에 걱정이 많을 수도 있고 출장, 회의, 등 빡빡한 일정을 소화하다 보면 만성적인 수면 부족에 시달리기 쉽다. 특히 교대근무를 한다거나 출장이 많아 수면 시간이 불규칙하고 계속 낯선 장소에서 잠을 자다 보면 숙면을 취할 수 없게 된다.

수면 시간은 체력을 보충하는 것뿐만 아니라, 몸의 독소를 해독하고 뇌가 기억을 정리하는 시간이다. 가장 정적이지만 가장 적극적인 회복 활동이라 할 수 있다. 수면이 부족하면 나타나는 대표적인 증상이 자제력을 잃는 것이다. 따라서 논리력이나 이성적으로 판단하는 능력이 감소하여 합리적인 의사결정이나 행동이 어려워진다. 그리고 수면 시간이 부족하거나 숙면을 취하지 못하면 충분히 회복하지 못한 채 피곤한 상태에서 일하게 되고, 기억력, 집중력이 떨어져 인적 오류나 사고로 이어질 가능성이 있다.

10년 동안의 스웨덴 직업 안전 건강 자료를 분석했을 때, 남성의 경우 수면 중 코를 심하게 고는 사람이 안전사고를 경험할 가능성이 적어도 2배 더 높았고, 여성의 경우에는 코를 고는 경우와 수면 무호흡증이 있는 경우 모두 사고를 경험할 가능성이 적어도 3배 이상 높았다. 더 최근의 연구에서도 수면 무호흡증을 경험하는 사람은 그렇지 않은 사람에 비해 사고를 경험할 가능성이 2.16배 높은 것으로 분석되었다.

최근 서울시는 소방공무원 수면 질 개선 사업을 추진하였다. 소방공무원의 건강관리는 소방력 확보 차원에서도 매우 중요하며, 소방공무원이 건강해야 시민에게 더 나은 소방서비스를 제공할 수 있다는 것이 근거였다. 소방공무원뿐만 아니라, 일반 근로자들도 양질의 수면을 했을 때 건강하고 활력 있게 일을 할 수 있고, 사고 가능성을 줄일 수 있다.

그렇다면 몇 시간을 자야 충분한 것일까? 충분한 수면 시간은 개인마다 다르다. 어떤 사람은 4~5시간만 자도 다음날 활동에 지장이 없고 활력이 있지만, 7~8시간을 자야 합리적인 생각과 행동이 나오는 사람도 있다. 나폴레옹과 에디슨은 잠을 4시간 이상 자지 않았다고 하지만, 아인슈타인은 하루 평균 10시간 이상 잠을 잤고, 낮잠도 즐겼다고 한다. 수면 시간에는 정답이 없고, 자기 스스로 본인에게 적합한 수면 시간을 파악하는 것이 더 중요하다. 전날 수면 시간과 다음날의 컨디션, 나의 말과 행동을 평가한 점수를 일정 기간 적어 보면 나에게 어느 정도 적합한 수면 시간을 파악할 수 있을 것이다. 평소 수면 부족 증상이 있다는 생각이 들면 꼭 한번 본인의 수면 시간을 평가해 보자. 필자는 12시 이전에 잠들고 7시간 정도의 수면 시간이 본인에게 적절하다는 것을 알고, 이를 지켜가기 위해 노력하고 있다.

삼성서울병원 신경과 주은연 교수도 적절한 수면이 좋은 이유 6가지를 다음과 같이 제시하였다.

1. 집중력, 기억력이 좋아진다: 수면이 부족하면 학습 장애와 일의 능률이 저하된다.

2. 비만 및 당뇨를 예방한다: 수면이 부족하면 탄수화물을 체내에 저장하고 대사가 느려져 비만이 되기 쉽고, 당뇨에 걸릴 위험이 커진다.

3. 안전사고 예방에 도움이 된다: 수면이 부족하면 낮에 졸리기 쉽고, 실수나 넘어지는 등 안전사고 위험이 커진다.

4. 행복감이 증가한다: 수면이 부족하면 감정변화가 심하고, 예민하거나 우울해지기 쉽다.

5. 고혈압 심장질환 예방에 도움이 된다: 수면이 부족하면 고혈압, 부정맥 및 심장질환의 위험이 커진다.

6. 면역력 강화에 도움이 된다: 수면이 부족하면 면역을 담당하는 세포의 생산과 활동이 줄어 면역력이 저하된다.

10장

안전 리더십의 기본,
현장에서의 리더십이
어려운 당신에게

안전 리더십의 중요성

안전 리더십에 대한 정의는 다양하다. 어떤 학자는 안전 리더십을 "현재 안전 상태를 파악하고 개선하기 위한 비전을 세우고 비전을 달성하는 방법을 고안해내는 총체적인 과정"이라고 정의했다. 이 정의는 조직 상위관리자(임원진, 경영진)의 안전 목표 확립 및 성취 방법을 강조하고 있다. 또 다른 학자는 안전 리더십과 관련하여 현장 관리자들의 안전관리 행동을 강조하기도 한다.

경영진과는 다르게, 현장 관리자들은 근로자들과 가까운 곳에서 함께 작업을 하거나 작업을 지시, 감독하는 역할을 하기 때문에, 관리자의 안전관리 행동 및 안전 의식은 작업장의 안전 수준 및 사고 발생에 직접적인 영향을 준다. 또한, 관리 계층의 안전에 관한 관심이나 동기가 부족하면 사고 예방에 필요한 안전관리 프로그램이 없어질 가능성이 크다.

리더는 조직에 큰 영향을 준다.
특히, 현장의 안전에는 현장에 자주 있는 리더의 역할이 매우 크다.

한 연구에서는 현장 관리자를 대상으로 안전 리더십 기반 처치(관찰, 피드백, 커뮤니케이션 등)를 수행하였다. 그 결과, 직원들의 안전 보호구 착용 비율이 9%에서 59%까지 상승하였다. 관리자의 안전 리더십 수준은 조직 내 안전 문화에도 영향을 준다. 조직 문화는 집단행동 규범(group behavioral norm)의 영향을 받는데, 관리자의 리더십은 이 규범 형성에 많은 영향을 미친다. 따라서, 관리자가 안전에 대해 강조하고 안전과 관련된 행동이나 상호작용을 많이 할수록 집단행동 규범에서 안전은 우선순위가 되고, 근로자들 역시 안전의 가치와 중요성을 인식하게 된다.

우리는 일반적으로 합법적인 권위를 가진 사람의 지시에 순응하는 경우가 많다. 심리학자 밀그램의 '권위에 대한 복종 실험'으로 그 효과를 이해해 보자. 그는 처벌이 학습에 미치는 영향이라는 실험 광고를 내고 참가자들에게 각각 선생님과 학생의 역할을 부여했다. 선생님의 역할은 학생이 문제를 틀리면 전기충격을 주는 것이었다. 전기 충격기에는 30개의 스위치가 있었는데, 15V에서 450V까지의 세기를 선택할 수 있었고, '약한, 강한, 극심한, 위험' 등의 표시도 붙어 있었다. 선생님 역할의 참가자들은 벽 너머에 있는 학생 참가자들이 문제를 틀릴 때마다 전기충격 버튼을 눌러 학생의 학습을 돕는 미션을 받았다. 사실, 학생은 미리 고용한 연기자로, 실제로는 전기충격을 받지 않은 채 고통을 연기하였다. 선생님 역할의 참가자들은 이 사실을 모르고 있었지만, 학생 연기자는 계속 실수했고 연구자(권위자)는 계속 전기충격을 주도록 요구하였다. '극심한, 위험' 표시가 되어 있는 정도의 전류를 사람에게 쓰는 것이 상식적인 행동은 아니다. 하지만, 선생님 역할을 한 40명의 참가자 모두가 300V까지 전기충격 버튼을 눌렀으며, 65%인 26명은 450V까지 감행하였다.

이 실험은 합법적 권위를 가진 사람의 지시와 명령이 상당한 힘을 가지고 있다는 것을 시사한다. 같은 골자로, 관리/감독자의 행동과 의식이 직원의 행동에 미치는 영향력을 중요하게 생각해야 한다. 상위 경영진의 안전 리더십도 중요하지만, 관리/감독자의 올바른 안전 리더십이 실제 현장에서 발현되어야 조직과 현장의 안전 문화를 발전시킬 수 있음을 기억하자. 관리자 안전 리더십 증진에 필요한 교육과 현장에서 진행될 프로그램을 계획하고 실행할 필요가 있다.

안전 리더십의 핵심

경영진의 안전 리더십은 조직의 안전 문화 확립에 가장 중요한 요인이라고 할 수 있다. 기업에서는 안전 리더십을 표명하고 선언하기 위해, '안전 최우선', '생산보다 안전 우선', '구성원의 안전과 건강을 최우선의 가치로', '타협 없는 안전' 등 다양한 문구를 현수막이나 사내 게시판에 게시하고 있다. 회사 창립기념일이나 새해가 되면 안전이 최우선이라는 것을 강조하기도 한다.

이렇게 안전 리더십 의지를 표명하는 것은 중요하다. 하지만 이렇게 1년에 1~2회 선언하는 것만으로는 경영진의 안전 리더십이 강하다는 인식을 충분히 줄 수 없다. 가시적인 안전 리더십(visible safety leadership) 행동을 보여주고, 모범적인 역할 모델이 되어 안전 리더십을 입증할 필요가 있다. 다음 예시를 읽고 우리 조직에 적용해 보자.

경영진의 안전 리더십은 다양한 형식으로 발현된다. 안전을 가치로 가진 리더는
그 가치를 조직 전체에 확산하기 위해 다양한 전략과 활동을 사용할 수 있다.

1. 조직 내 안전에 대한 비전 논의하기

경영진은 조직 내 임원과 안전보건 담당 직원들, 현장 관리자와 함께
조직이 추구하는 안전 비전에 대해 논의해야 한다. 실제 경영진은 대
부분, 다른 것들보다 안전이 우선이라고 가끔 강조하는 것 외의 활동을
하지 않는다. 하지만, 안전 비전 설정의 목적은 모든 조직 구성원들이
조직 내 안전 비전 혹은 사명을 더 잘 이해하게 하는 것이다. 따라서 경
영진은 관리자들과 함께 이러한 비전과 사명에 대해 자주 논의할 필요
가 있다. 예를 들어, 분기별로 한 번씩 전 직원들에게 회사 안전사고에
관한 내용을 보고하면서 조직의 안전 비전을 다시 한번 강조하고 설명
하는 메일을 보내거나 사보에 이를 제시할 수 있다.

2. 성공적인 안전 프로그램 실행에 관한 경영진의 기대 논의하기

비전에 대해 논의하는 것과 더불어, 모든 관리자가 안전 프로그램을 성공적으로 정착시킬 수 있도록 경영진의 기대하는 바를 명확하게 전달해야 한다. 임원들과 관리자들의 역할에 대한 기대사항, 그리고 프로그램이 어떻게 진행되고 있는지를 명확하게 전하는 것이 중요하다. 안전 프로그램의 실행 계획 검토, 관리자 훈련 절차, 그리고 안전 회의 및 안전 행사에도 참여할 수 있도록 노력하여야 한다. 이를 위해, 경영진은 정기적인 안전 회의에서 임원진들과 관리자들이 안전 증진을 위해 어떤 역할을 맡고 있는지 확인하고, 안전보건 부서에는 안전 관련 프로그램에 대한 다양한 질문을 하는 것이 좋다. 특히 산업안전위원회에서 적극적으로 질문하여 지난 조치 진행 상황을 확인하는 것도 좋은 행동이다.

3. 안전 관찰과 인정 제공하기

경영진은 관찰과 인정 제공의 본보기가 되어야 한다. 경영진/상위관리자는 특정 현장을 방문하면 해당 구역의 관리자와 함께 안전 관찰을 하면서 현장관리자 혹은 근로자들에게 피드백을 제공해야 한다. 특히 경영진은 관리자들에게 우려되는 상황을 설명하고 안전 행동 관찰을 더 강조해야 한다. 경영진은 현장에서 근로자들에게 직접 피드백을 줄 수도 있다. 하지만, 안전을 위한 관리자들의 노력을 더 많이 인정해 주는 것이 중요하다.

핵심 행동 지표(KBI)

경영진의 안전 리더십만큼 중요한 것이 조직의 안전관리 담당자들의 안전 리더십 실천이다. 조직의 전반적인 안전관리를 책임지는 직원들의 안전 리더십에 대한 증명은 중요하다. 경영진의 안전 리더십은 안전관리 담당자를 통해 다시 한번 확인할 필요가 있다. 낙수(落水) 효과가 나타나야 한다.

우리나라의 많은 조직에서 안전관리 담당자들은 다양한 점검이나 평가에 대한 행정 및 서류 작업을 하면서 현장 안전에 관한 업무도 동시에 수행하고 있다. 다음은 안전관리자를 위한 핵심 행동 지표(Key Behavior Index, KBI)이다. KBI는 안전 성과, 즉 KPI(Key Performance Index, 핵심 안전 성과 지표) 달성에 필요한 주요 핵심 행동들을 말한다.

1. 현장 방문하고 안전 모니터링하기

관리자들의 안전 리더십 핵심 행동 중 현장 방문은 중요하다. 자주 방문할수록 그전에 보이지 않았던 혹은 미처 깨닫지 못했던 안전 관련 사항들도 파악할 수 있다. 현장 방문을 할 때는 핵심 안전 행동/조건 체크리스트(critical behavior checklist)를 가지고 모니터링을 실시한다. 현장 관찰을 통한 안전 자료를 확보하는 것이다. 물론 안전 담당자뿐만 아니라 다양한 현장 업무 관리자들도 함께 관찰에 참여해야 하겠지만, 안전관리 담당자들은 현장을 가장 객관적으로 관찰할 수 있는 사람들이다. 중요하지만 반영되지 않았던 사항들을 발견하면 체크리스트의 항목을 변경할 수도 있다. 안전관리자가 작업 공정이나 현장 상황에 대해 잘 모른다면, 해당 부서나 현장의 관리자 혹은 경력이 오래된 직원분과 함께 현장을 방문하여 작업과 현장에 대해 질문하고 파악해야 한다. 관리자가 아니더라도 현장의 안전에 대해 잘 아시는 분이라면 안전 관찰에 함께해 달라고 부탁할 수 있고, 향후에도 안전 관찰에 적극적으로 참여할 것을 요청할 수도 있다.

2. 현장 작업자들과 안전에 대해 의사소통하기

관리자 안전 리더십의 또 다른 핵심 행동은 직원들과의 의사소통이다. 안전관리 담당자들의 의사소통 초점은 근로자들의 불안전 행동에 있지 않아야 한다. 안전 담당자들이 현장에 가서 지적하고 질책, 처벌하는 방식(안전 위반 딱지, 벌금 등)의 의사소통을 반복하면, 현장 작업자들은 안전 담당자를 피하려고 하고 솔직하게 이야기하지 않게 된다. 안전 담당자들은 현장 작업자들의 안전 노력에 대해 인정, 칭찬해 주고, 그들이 안전하게 작업하는 데 필요한 자원들이 무엇인지 확인하여 이를 제공하는 데 초점을 맞출 필요가 있다. 칭찬 카드나 칭찬 쿠폰, 음료수를 주며 말문을 트고, 대화를 하는 것에 초점을 두어야 한다. 현장에 방문하면 많은 정보를 얻거나 숨겨져 있는 사항들을 발견해야 한다는 생각이 들 수 있지만, 오히려 관계를 형성해가고 의사소통하는 것을 목적으로 방문하는 것이 좋다. 안전 관찰에 대한 걱정이나 불안이 사라지고 관계가 형성되기 시작하면 직원들은 많은 이야기를 해 줄 것이다. 꼭 안전에 대한 것이 아니어도 괜찮다. 회사 전반적인 일들이나 최근에 있었던 이슈도 좋다. 일단 대화하는 데에 초점을 맞추어 현장을 방문하는 것이다.

3. 안전 모니터링 자료를 바탕으로 현장관리자들과 안전 향상 방안 논의하기

현장 방문 중 기록한 체크리스트 자료를 정리하라. 안전관리 담당자들 외에 현장관리자의 기록 자료, 관찰에 참여한 근로자들의 기록 자료가 있다면 이를 정기적으로 정리할 수 있다. 다만, 누가 관찰했는지에 따라 관찰 결과가 조금 다를 수 있다는 점은 고려해야 한다. 즉 현장 작업자와 안전관리자 간의 관찰 결과가 약간은 일치하지 않을 수 있다. 일반적으로는 현장 작업자들이 안전 수준을 더 높이 평가하는 경향이 있다. 결과가 어떻게 나오든, 관찰에 참여하는 것 자체가 안전 향상에 훨씬 중요하기 때문에 큰 차이가 아니라면 통합하여 분석해도 괜찮다. 반면 불일치 수준이 높다면, 관찰 기준이 서로 다르다는 것이므로 체크리스트의 안전 기준을 더 구체적으로 기술하여 해결해야 한다. 그리고 관리자와 근로자가 함께 관찰하면서 일치도를 높일 필요가 있다.

정리된 자료를 활용하여, 현장 관리자들과 함께 정기적으로(격주 권장, 적어도 한 달에 한 번) 안전 비율 향상 방안을 논의할 필요가 있다. 안전 비율이 높은 항목에 대해서는 적극적으로 칭찬과 인정을 제공하고, 비율이 낮은 항목의 경우에는 질책이나 비난보다는 안전 비율이 낮은 이유가 무엇인지, 어떻게 하면 증진할 수 있는지, 지원이나 도움이 필요한 것이 무엇인지 등에 대해 질문하고 논의하는 것이 중요하다. 이러한 논의를 바탕으로 안전 증진방안을 함께 모색하고 지속적으로 측정, 관리할 필요가 있다.

4. 근로자들에게 안전 모니터링 자료 기반의 피드백 제공하기

현장 안전 관련 정보를 근로자들에게 제공할 방안들도 모색할 필요가 있다. 현장 안전에서의 종착점은 근로자들의 행동 변화이기 때문이다. 관리자들만 알고 근로자들은 모르는 안전 관련 정보는 실질적인 현장 안전 증진에 도움이 되기 어렵다. 최고의 방법이 따로 있는 것이 아니므로, 각 현장에 적합한 방법을 찾아볼 필요가 있다. 우선 각 팀이나 부서에서 정기적으로 안전 회의를 진행하고 있다면, 관찰 항목별 안전 비율을 회의 시간에 전달할 수 있다. 안전 비율이 어떻게 변화되고 있는지에 대한 그래프를 제공하는 것도 좋다. 이 안전 회의의 진행자가 안전관리자라면 자료를 충분히 이해한 상황일 것이므로 문제가 없겠지만, 현장 관리자들이 회의를 진행한다면 안전관리자는 근로자들에게 제공해야 하는 핵심 내용에 대해 사전에 정리해서 현장 관리자에게 전달해야 하고, 어떤 방식으로 회의를 진행해야 하는지도 알려줄 필요가 있다. 다른 방식으로는, 안전 게시판이나 근로자들의 휴식공간, 식당 등 근로자들이 잠깐씩 볼 수 있는 곳에 안전 비율 정보를 제공하는 것이 있다. 자료에는 그래프를 포함해 한눈에 볼 수 있도록 제시를 하는 것이 좋다. 회사나 공정 전체에 대한 안전 비율을 계산하고 사보나 사내 방송을 통해서 알리는 것도 좋은 방법이다. 회사에 안전 관찰 애플리케이션이 있다면 알람이나 푸시(push) 기능을 통해 정보를 보낼 수도 있을 것이다. 현장 근로자들이 현장의 안전 상태나 안전 비율 수준에 대한 정보를 다양한 방식으로 인식하게 하는 것이 중요하다. 정보를 제공함으로써 회사나 공장이 안전을 주기적으로 관리하고 있고 안전을 중요시한다는 인식을 근로자들에게 심어 줄 수 있다.

5. 개인적 인정과 집단 축하를 위한 계획 세우기

조직의 안전 수준 증진 과정에서 안전 노력에 대한 인정은 없어서는 안 되는 요소이다. 따라서 안전관리팀/부서는 높은 안전 수행을 보이는 개인과 집단을 인정/축하하기 위한 가이드라인을 세워야 한다. 가이드라인은 회사 전체에 동일하게 적용할 수도, 현장이나 업무 특성, 공장 상황에 맞추어 수정, 사용할 수도 있다. 일부 관리자와 직원들은 안전에 대해 칭찬받은 경험이나 칭찬해 본 경험이 부족해 인정을 제공하는 것을 꺼려할 수 있다. 따라서, 현장의 안전 수준 증진 계획을 개발하면서 안전 노력에 대한 개인적 인정과 팀 축하의 중요성을 이해시키고 인정과 축하에 대한 가이드라인을 명확하게 제시할 필요가 있다. 예를 들어, 안전관리자는 사전에 계획된 인정 축하 행사의 기준을 검토하고 수정할 때 해당 현장의 요구를 적절히 반영해야 한다. 그 후 인정,

보상 그리고 축하 계획을 검토하고 이러한 요소들을 어떻게 하면 각 분야의 직원들에게 의미 있게 전달할 수 있을지 논의하고 결정하면 된다. 이상적인 인정 절차는 현장 부서나 팀의 안전 목표 달성을 모두가 축하하는 분위기에서 개인의 공헌에 대해서도 인정하는 과정을 가지는 것이다. 어떤 경우에는, 현장 관리자나 안전보건위원회(HSE 부서)에서 인정 활동을 전담할 수도 있다. 자세한 내용은 부록 2를 참고하기 바란다.

6. 안전 보상 관리하고 제공하기

안전 보상 프로그램에서는 보상이 중요하고, 보상이 의미 있는 방식으로 전달될 때 프로그램이 성공할 수 있다. 안전관리팀이 제시하는 보상 항목들에는 해당 직원들의 선호도가 반영되지 않을 수도 있다. 하지만 가능하다면 안전에 기여한 근로자들이 원하는 인정과 보상을 제공해 줄 필요가 있다.

보상의 전달방식은 때때로 보상 그 자체만큼 중요하다. 보상을 전달하는 사람은 어떤 직원이(혹은 팀이) 무엇을 하여 이러한 인정을 받는지 명확히 전달하고, 공헌에 진정한 고마움을 표현해야 한다.

인정과 축하는 개별적일수록 더욱 의미가 있다. 감사 물품들도 직원들에게 개별적인 악수, 감사 메시지를 담아 전달하면 더욱 효과적이다. 감사 물품 또한 특정 장소에 두고 직원들이 알아서 가져가도록 하면 그 의미나 가치를 충분히 담아내지 못함을 염두에 두어야 한다. 안전 행사나 이벤트를 계획한다면, 관리자들은 행사나 이벤트에 모두가 참여해 재미를 느끼도록 상상력을 발휘해야 한다. 자세한 보상의 예시는 부록 2를 참고하라.

번호	안전관리 담당자들의 KBI
1	현장 방문하고 안전 모니터링하기
2	현장 작업자들과 안전에 대해 의사소통하기
3	안전 모니터링 자료를 바탕으로 현장 관리자들과 안전 향상 방안 논의하기
4	근로자들에게 안전 모니터링 자료 기반의 피드백 제공하기
5	개인적 인정과 집단 축하를 위한 계획 세우기
6	안전 보상 관리하고 제공하기

안전 리더를 위한 커뮤니케이션 스킬

긍정적인 인간관계를 형성하는 데 대화는 중요한 요소이다. 인간의 욕구 중에서도, 소속감, 인정, 자존감에 대한 욕구는 돈이나 다른 물건들로 충족되기 어렵다. 이런 욕구들은 가족, 동료, 상사와의 대화를 통해서 충족된다. 우리의 심리적인 욕구를 충족시켜주는 중요한 수단이 바로 대화라는 것이다. 대화의 중요성을 알아도, 현실에서 효과적으로 대화를 하기란 어려운 일이다. 꾸준히 노력하고 연습해야 좋은 대화 기술을 가질 수 있다. 이로 인해 인간관계가 좋아진다면 삶에 있어서 매우 가치 있는 일일 것이다. 따라서 좋은 대화 기술과 관련된 책을 읽거나 강의를 듣고, 이를 실천하기 위해 노력하는 것이 필요하다.

부적절한 대화는 의도와는 다르게 심리적 갈등과 상대방에 대한 미움, 질투, 분노 등 부정적인 정서를 경험하게 한다. 이러한 상황이 지속되면 스트레스를 크게 느끼고, 인간관계 단절까지 발생한다. 다들 서로에 대해 잘 몰라서, 생각이 편협해서, 혹은 마음이 좁아서 문제가 된다고 이야기하지만, 원인만 좇는 것은 적절한 문제 해결 방법이 아니다. 먼저, 상대방의 이야기를 정확히 이해하는 것이 우선이다. 그리고 상대방에게 내 생각이나 의견을 정확하게 전달하는 것이 중요하다. 그러면 우선은 이해할 수 없어서 답답한 경우가 줄어들 것이기 때문이다.

무엇보다, 가족들 그리고 회사 직원들 간의 대화는 매우 중요하다. 이 두 곳이 우리의 삶의 대부분을 보내는 공간이기 때문이다. 특히 직장인에게는 일을 진행하고 관계를 유지하는데 대화가 필수적이다. 따라서 효과적인 업무 수행과 좋은 관계를 위해서는 대화 기술을 증진할 필요가 있다. 다음은 핵심적인 대화 기술들과 그 설명이다.

1. 경청

경청은 모두가 아는 대화의 핵심기술이다. 하지만 쉽지 않다. 누군가의 이야기를 30분 동안 집중해서 계속 들을 수 있는가? 듣는 것이 단순히 고막을 진동시키는 것을 의미하지는 않는다(hearing). 즉 물리적으로 듣기만 하는 것은 경청이 아니다. 상대가 무엇을 말하려고 하는지 올바르게 이해하는 것이 경청이다(listening). 사람들은 대화 과정에서 상대방이 내 이야기를 경청하고 있는지 금세 느끼곤 하기에, 우리는 더욱 경청하려 노력해야 한다. 다음은 경청을 위해 필요한 사항이다.

- 우선 자신이 말하기보다 상대방이 말할 기회와 시간을 충분히 주어야 한다. 시간이 없다면, 사전에 주제에 대해 전달하고 서면으로 의견을 받는 것이 더 좋을 수 있다.
- 상대의 말을 유추하거나 먼저 결론을 내지 않고 끝까지 듣는 것이

중요하다. 도중에 끼어들지 않고 말을 끝까지 듣는 것이 좋다.

- 우리는 말로만 대화하지 않는다. 따라서, 상대방의 표정이나 몸짓, 목소리 톤과 같은 비언어적인 정보에도 관심을 갖는 것이 좋다. 비언어적인 정보 파악을 위해서는 이야기할 때 상대에게 시선이 가 있어야 한다.
- 듣고 있다는 사인을 보내는 것이 중요하다. 적절한 타이밍에 맞장구를 치거나, 고개를 끄덕이고, 표정과 시선으로 상대방에게 듣고 있다는 신호를 보내야 상대방이 내 이야기를 잘 듣고 있다고 생각한다.

2. 보조 맞추기

상대방과 대화의 속도를 유사하게 하고, 같은 주제나 화제로 대화 내용을 맞추며, 상대방이 사용하는 표현을 함께 사용해 주는 것, 적절한 접속사를 사용(그래서 어떻게 됐나요? 좀 더 말해 주세요, 더 구체적인 내용을 듣고 싶어요)하는 것이 화자에 대한 신뢰감이나 안정감을 높여줄 수 있다.

3. 적절한 질문하기

적절한 질문은 상대방의 대화 내용이나 의도를 명확히 하는 것에 있어 중요하다. 이외에도 질문은 생각 정리, 구체적인 내용 끌어내기, 관점 바꾸기, 대안 제시하게 하기, 목표 설정하기, 동기 부여 수준 높이기, 가치관 파악하기, 깨달음과 발견 촉진하기 등과 같은 다양한 목적을 가질 수 있다.

질문은 크게 닫힌 질문과 열린 질문으로 구분된다. 닫힌 질문(이게 맞나요?)은 예/아니오로 대답하는 질문으로 사실이나 내용을 확인하는 것에 목적이 있다. 열린 질문(어떻게 하는 게 좋을까요?)은 좀 더 구체적인 내용을 기술하게 하는 질문으로 정보를 널리 수집하고, 상대방의 자유로운 발상이나 의견을 들을 때 유효하다. 열린 질문을 하면 상대가 스스로 답을 찾을 수도 있다. 따라서 안전 대화를 할 때는 열린 질문을 하는 것이 더 적절하다.

4. 우선 수용하고 승인해 주는 모습 보이기

승인은 상대를 인정한다는 의미이다. 사람은 주로 자신의 행동이나 말에 대한 주변 사람들의 반응을 통해 변화나 성장을 실감한다. 따라서 상대방이 이야기한 내용을 우선 승인해 주는 것이 중요하다. 승인한다는 것은 상대방의 의견을 그대로 받아들인다는 것을 의미하지는 않는다. 그 사람의 생각이나 제안, 주장을 있는 그대로 듣고 그럴 수 있다고, 다를 수 있다고 인정해 주는 것이 바람직하다. 상대가 대화 중 좋은 아이디어나 적절한 대응, 대답을 보였다면, 그 역시 인정해 주어야 한다.

5. 효과적인 피드백 제공하기

피드백은 현재 어떤 대화나 과제가 최종 목표나 과거에 비해 어떤 상태에 있는지 정확하게 파악하는 데 필요한 정보를 제공한다. 이는 행동 변화를 일으키는 중요한 원동력이다. 피드백에는 객관적인 정보와 주관적인 평가가 포함된다. 여기서 유의해야 할 점은, 피드백이 무엇보다 상대의 발전을 위한 것임을 잊지 않는 것이다.

- 피드백은 상대방이 나의 의견을 필요로 할 때 제공해야 한다. 무분별한 피드백이나 피드백을 원치 않은 상태에서 피드백이 제공되면 '간섭받거나 비판받는다'고 느낄 수도 있다. 따라서 피드백이 충고나 명령이 되지 않도록 의견이 필요한 상황이나 시점인지를 먼저 확인하는 것이 중요하다.

- 수정할 수 있고 변화가 가능한 내용을 제공해야 한다. '성실하지 않다, 태도가 좋지 않다, 이해심이 없다, 이해력이 부족하다.' 등은 변할 수 있는 것에 관한 내용이 아니므로, 적절한 피드백이 아니다. 개인이 변화시킬 수 있는 구체적인 내용으로 피드백을 제공하는 것이 중요하다.

- 적절한 타이밍이 중요하다. 시간이 한참 지난 후에 피드백을 주는 것은 적절하지 않다. 피드백할 거리가 보이면, 가급적 빠른 시간 내에 피드백을 제공해 주는 것이 좋다. 피드백을 즉시 제공하면 효과도 크고 나중에 피드백 주는 것을 잊을 염려도 없다.

6. 지시나 명령보다는 제안/요청하기

제안/요청은 지시나 명령('-하도록 할 것')과 달리 행동의 선택권이 받아들이는 사람에게 있다. 제안/요청을 하는 이유는 상대에게 새로운 관점을 제공하고 목표를 향해 적극적으로 행동하도록 지원하기 위함에 있다. 제안하는 행위는 상대방의 자발성과 책임 의식을 인정하는 것으로 해석할 수 있다. 따라서, 제안받은 상대방은 동기 부여 수준이 높아진다. 제안은 한 번에 한 가지씩 순차적으로 하는 것이 좋다. 그 내용은 피드백과 마찬가지로 상대가 받아들일 수 있게 구체적으로 하는 것이 중요하다. 다만 너무 길고 장황한 서론이나 간접적인 표현은 상대방을 혼란스럽게 할 수 있다.

효과적인 의사결정을 위해
필요한 리더십 기술

우리나라에서는 과거 월드컵 4강을 계기로 히딩크 리더십이 주목받았고, 드라마의 인기로 인해 이순신 리더십이라는 제목의 책이 출판되기도 했다. 카리스마 리더십, 변혁적 리더십, 거래적 리더십, 서번트 리더십, 코칭 리더십, 진성 리더십 등 리더십의 종류도 다양하다.

리더십에서 중요한 기술 중 하나는 효과적이고 효율적인 의사결정을 하는 것이다. 다음의 9가지 기술들을 살펴보고 부족한 부분을 보완해 보라.

1. 구성원들을 준비시키고 상호작용을 시작하라

집단 응집력은 점진적으로 형성된다. 응집력 증진을 위해 구성원들은 의미 있는 논의나 회의에 친숙해질 필요가 있다. 이를 위해, 리더는 구성원들이 특정 주제나 문제에 관한 토론을 준비해야 한다. 특히 여러 구성원이 서로 친밀하지 않은 상황에서 문제 해결을 위해 응집력 있게 함께 일하는 것을 기대하기는 쉽지 않다. 이런 상황에서 구성원들이 특정 문제를 논의해야 할 경우, 리더가 적절한 브리핑을 해 줄 필요가 있다. 예를 들어, 자료를 배포해야 하는 경우 논의 전에 구성원들 메일로 보내주어야 한다. 때로는 구성원들이 특정 자료들을 검토하고 와야 하는 경우도 있다. 준비해야 할 것이 무엇이든, 리더는 구성원들을 조직화하고 서로 협력하도록 해야 한다. 집단이 모이게 되면 구성원들이 상호 작용하도록 자극해야 한다.

2. 집단 응집력을 확립하라

구성원들 간의 친밀감과 좋아하는 정도를 응집력이라 하고, 응집력은 그 수준이 매우 다양하다. 일반적으로 응집력 있는 집단이 더 효과적인 의사결정을 한다. 예를 들어 응집력 있는 구성원들은 모임에 지각하지 않고, 상호작용을 즐기며, 끝날 때까지 자리를 지킨다. 따라서, 집단 내에서 보내는 시간에 만족할 가능성이 높아지고, 집단을 하나의 단위로 보는 우리성, "we-ness"을 발전시키게 된다. 응집력이 적절히 높은 집단의 구성원들은 상호 편안함을 느끼기 때문에, 처음에는 불가능해 보이지만 궁극적으로는 실행 가능한 해결책 도출에 도움이 되는 제안이나 아이디어를 쉽게 제시하게 된다.

하지만, 응집력이 과도한 집단에서는 구성원들은 다른 구성원들에게 반대하기 어려워지고, 이에 따라 제안된 아이디어에 대한 비판적 분석을 감출 수 있으니, 유의해야 한다. 응집력은, 긍정적인 것을 강조하고 구성원들을 인정하며 즐겁고 보람 있는 집단 경험을 주는 리더에 의해 형성된다. 리더의 칭찬과 호감의 표현은 응집력 있는 집단을 구축하는 데 도움이 된다.

3. 효과적인 상호작용을 유지하라

집단이 상호작용을 시작한 후에도 구성원들이 효과적으로 상호작용하는지 모니터링할 필요가 있다. 회의가 시작되면 리더는 집단에 참여하고 동기를 부여해야 한다. "위험 요인 제거에 대한 제안에 추가 의견이 있습니까?", "현장에서 일하는 직원의 관점에서 이 제안에 대해 어떻게 생각합니까?"와 같은 질문들이 도움이 된다. 또한 모든 구성원들이 자신의 의견을 표현할 수 있는 기회를 확보해 줄 필요가 있다.

4. 합의를 위해 지도하고 안내하라

리더로서 집단 회의 내용을 정기적으로 요약해 주고, 관련 질문을 하거나, 적절한 단계 전환을 하면서 회의를 지속할 필요가 있다. 회의 초반에는 집단이 성취해야 할 목록의 개요를 제시하고 이에 따라 회의를 진행하며 각 항목에 효율적으로 시간을 할당해야 한다.

5. 구성원의 만족을 증진하라

집단이 안전 문제를 다룰지라도, 구성원들은 안전 문제 해결 외의 심리적인 욕구와 기대를 가지고 있다. 집단이 효과적이기 위해서는, 구성원들의 목표 혹은 심리적 욕구들을 부정하지 않으면서 집단 목표를 달성해야 한다. 이러한 욕구를 충족시키는 한 가지 방법은 리더가 적절한 주기로, 길지 않게 구성원들과 사담이나 개인적인 이야기를 통해 관심을 표현하는 것이다. 또 다른 방법으로는 회의 중에 수시로 구성원들의 참여나 발언에 대한 노력을 지지하고 강화하는 것이 있다.

6. 구성원들의 역량을 강화하려고 노력하라

구성원들의 역량을 강화하는 것은 리더의 중요한 기능이다. 다음 지침을 활용하여 역량 증진 전략을 세워 보자.

- 구성원들의 자존감을 키워 준다. 잘못한 점을 찾기보다는 잘한 점을 찾아 칭찬, 강화한다.
- 기술을 공유하고 의사결정 권한을 공유/위임한다.
- 건설적으로 비판한다. 높은 지위에 있는 사람들뿐만 아니라 모든 집단 구성원의 제안에 정직하게 반응하는 것을 권장한다.
- 주제를 변경하거나 논의 내용을 다른 것으로 변경하려고 할 때 방해하지 않는다. 리더가 다른 사람의 발언을 막으며 이야기하는 것은 사실상 다른 구성원이 말하는 것이 리더가 말하는 것보다 덜 중요하다는 인상을 준다. 발언을 끊지 않고, 추후 적절한 시점에 부족한 내용을 다시 다루는 것이 좋다.
- 지지적인 반응을 보낸다. 의견을 제시하는 구성원에게는 감사한 마음을 알리는 것이 바람직하다.

7. 지속적인 평가와 향상을 장려하라

모든 집단은 문제를 해결하거나 결정할 때, 혹은 아이디어를 창출할 때 장애물을 만나게 된다. 어떤 집단도 완벽할 수는 없다. 더 나은 집단이 되기 위해서는 향상에 집중하는 것이 필요하다. 개인적인 갈등, 약속 시간을 지키지 않거나 준비를 하지 않은 구성원들과 같은 내부 문제를 해결하는 것도 좋다.

8. 갈등을 관리하라

대인관계에서와 마찬가지로 갈등은 집단 상호 작용에서 발생할 수 있는 문제이다. 그리고 이를 효과적으로 처리하는 것이 리더의 책임이다. 리더는 유용한 갈등 관리 기술들을 지속적으로 습득하고 증진할 필요가 있다.

9. 멘토가 되어라

리더십의 또 다른 기능은 경험이 풍부한 개인이 경험이 부족한 집단 구성원을 양성하는 데 도움이 되는 멘토가 되는 것이다. 멘토링은 소집단 외에도 직장과 개인 관계에서 광범위하게 사용된다. 집단 리더가 관리자이면서, 직원들의 멘토일 수도 있다. 멘토는 새로운 사람들에게, 성공을 위한 전략과 기술을 가르치며, 자신의 축적된 지식과 경험을 "멘티(mentee)"에게 전수한다. 동시에 멘토는 신입사원의 관점에서 직무를 보고 그들의 다양한 질문에 대한 답을 고려하고 공식화함으로써 자신의 생각을 명확히 할 수 있는 이익을 얻게 된다. 구성원들은 리더를 통해 학습하지만, 리더도 구성원들을 통해 학습하게 된다.

11장

안전 코칭,
현장 구성원들을
변화에 참여시키는 비결

안전 코칭: 코칭과 교육은 다르다

사람의 행동은 주변 사람들과 상황에 많은 영향을 받는다. 안전도 마찬가지이다. 조직에서 리더가 안전에 대해 어떻게 말하고 행동하느냐에 따라 구성원들의 안전 행동은 달라지는데, 그 영향력은 40~55%에 달한다. 따라서, 관리자의 코칭 스킬은 직원들의 행동이 달라지는 원인이 된다.

이에 최근 안전 분야에도 관리감독자들이나 리더들에게 코칭(coaching)을 제공하거나 그들이 코치가 될 수 있도록 관련 교육을 제공하고 있다. 여기서 안전 코칭이란, **'조직 구성원의 안전과 건강을 위해 전 구성원이 자발적으로 안전 의식과 안전 행동을 증진시키도록 협력하는 과정'**이라고 할 수 있다. 안전 코칭에 있어서 중요한 것은 직원들의 성향이나 성격의 다양성을 수용하는 유연한 자세와 수평적 파트너십을 기반으로 적극 소통하려는 노력이라고 할 수 있다.

안전 코칭은 교육과 다르다. 일반적인 교육은 주로 일 대 다수로 진행되지만, 코칭은 1:1 과정으로 진행되며, 직원들에 대한 관찰과 피드백이 포함되어 있다. 구체적으로 안전 코칭은 코칭 받는 이들(보통 직원들, 이하 피코치)의 안전 행동을 인식하고 인정하며, 불안전 행동의 발생을 줄이기 위해 건설적인 피드백을 제공한다. 특히 중요한 것은 객관적 사실 혹은 행동에 대한 피드백을 전달하는 것이다. 리더의 생각과 느낌을 전달하는 것이 아니라, 안전과 관련된 구체적인 행동에 대한 피드백을 제공하는 것이 핵심이다. 여기서, 안전 코칭의 가치나 효과는 즉각적으로 확실하게 나타나지 않을 수 있다. 왜냐하면, 사고가 줄기 전에는 안전 코칭의 효과성을 알 수 없고, 코칭 후 즉각적으로 사고가 감소하는 것도 아니기 때문이다. 그러므로, 사고 감소가 코칭의 궁극적인 목적이더라도, 단기 목표는 현실적이고 즉시성 있는 안전 행동의 증진으로 두어야 한다.

안전 코칭 구성요소: COACH

    코칭의 핵심 요소는 머리글자를 활용하여 COACH로 표현될 수 있다 (Geller, 2000). 구체적으로 C는 배려(care), O는 관찰(observe), A는 분석(analyze), C는 의사소통(communicate), H는 조력(help)이다. 배려(care)는 코칭에 있어서 기본 중의 기본이다. 리더의 안전 코칭은 구성원들의 건강과 안전에 대해 진정성 있게 관심을 갖는 것으로 시작해야 한다. 피코치는, 배려를 받는다고 느낄 때 더욱 코치의 코칭을 더욱 따르려 하고 코칭을 더 잘 수용한다. 또한 코치는 피코치에게 상호의존의 가치를 설명해야 한다. 즉, 코칭 과정이 서로에게 의미 있는 활동이며, 서로가 노력할 때 효과가 극대화됨을 설명해야 한다. 코칭 과정에서 긍정적인 정서를 교환하는 것은 선순환을 만드는 반면, 부정적인 정서 교환이 반복될 때 관계는 방어적 성격을 띠게 되고, 결과적으로 서로에게 부정적인 영향을 준다. 리더는 코칭은 코칭일 뿐 '나와 상관없다'는 태도와 시각을 가져서는 안 된다. 각자 안전에 대한 책임이 있다는 것을 리더 스스로도 인식하고 피코치인 구성원에게도 인식시켜 줄 필요가 있다.

관찰(observe)은 코칭의 목적과 직접적인 관련이 있는 관찰 활동을 말한다. 안전 문화 수준이 높으면, 종사자들은 자연스럽게 서로의 안전 행동을 관찰하고 코칭한다. 궁극적으로, 관찰은 안전 행동을 증가시키고, 불안전 행동을 교정하기 위한 기초를 확립하는 과정이라고 할 수 있다. 단지 안전이 의무라고 전달하는 것을 넘어 안전 행동 증진 과정을 포함하는 것이 바람직하다. 또한, 코칭의 목표가 행동 변화임을 생각해 볼 때, 행동 변화를 위해서는 행동 '양상(pattern)'을 파악하는 관찰이 선행되어야 한다. 이는 높은 수준의 상호의존적 안전 문화를 위한 필수요소이다.

관찰 실행을 위해서는 핵심 행동 체크리스트(CBC, critical behavior checklist)가 필요하다. 핵심 행동은 많은 부상, 심각한 부상, 그리고 잠재적인 부상의 위험이 있는 결정적인 행동을 말한다. 체크리스트 개발 시 부서 구성원들과 함께 구체적인 위험 요소와 관련된 안전 행동을 논의하는 과정이 필요하다. 안전 확보를 위해 어떤 행동이 중요한지를 논의, 결정하는 것은 추후 코칭 내용을 결정하는 데에도 중요하다.

분석(analyze)은 작업 안전과 안전 행동에 영향을 주는 선행사건과 행동, 결과를 파악하는 과정이다. 안전에 긍정적 혹은 부정적 영향을 미칠 수 있는 사람, 행동, 상황의 세 가지 요소를 분석해 봄으로써 선행 사건, 그리고 나타난 행동, 행동들로 나타날 수 있는 긍정적, 부정적 결과에는 어떤 것들이 있는지 분석하는 것이 필요하다.

이러한 분석 과정은 구성원이 안전 행동 변화의 필요성과 중요성을 학습할 기회이다. 일반적으로는 기존의 불안전한 방식으로 일할 가능성이 크다. 기존의 방식이 어떤 긍정적인 결과(작업시간 단축, 보호구 미착용 시 편안한 움직임)를 얻거나 어떤 부정적인 결과(작업시간 증가, 보호구 착용 시 움직임의 불편함)를 피할 수 있기 때문이다. 따라서 코치와 근로자들이 함께 분석해 보면서 불안전하게 행동하는 이유를 이해하는 것이 행동 변화에 도움을 줄 수 있다.

의사소통(communication)은 코칭 과정에서 메시지를 전달하는 중요한 역할을 한다. 코치는 먼저 좋은 청자가 되어야 하고, 설득력 있는 화자가 되어야 한다. 웃으면서(smile), 열린 마음으로(open) 융통성 있게, 친근하게(friendly) 대화하고, 적절한 거리에서(territory), 진심이 느껴지도록 열정을 보이며(enthusiasm) 적절한 눈 맞춤(eye contact)을 하는 것이 좋다. 그리고 이름(name)을 기억해서 불러주는 것이 좋다 (SOFTEN). 특히 존중하는 태도가 중요하다. 부드러운 의사소통을 하는 것은 피드백을 효과적으로 전달할 수 있는 분위기를 형성하기 때문에 행동 변화 효과를 더 증가시킬 수 있다.

개인의 사고 예방을 돕는 것(help)은 코칭의 핵심으로, 안전 행동을 유지하고 불안전 행동을 교정하는 것이다. 코칭에 대한 관심과 수용도를 증가시키기 위해, 약간의 유머가 필요할 때도 있다. 자신이 인정/보상받지 못했거나, 하찮게 여겨진다고 느끼는 근로자들은 보상 심리를 가지는데, 이 때문에 안전 행동을 거부하고 코칭을 따르지 않을 수도 있다. 따라서 근로자들의 의견을 경청해야 한다. 경청은 자존감을 높이는 데 중요하며, 코치가 안전에 필요한 적절한 정보를 얻을 수 있는 방법이다. 이와 더불어, 행동에 기반을 둔 칭찬으로 바람직한 행동을 강화할 필요가 있다.

안전 코칭 방법:
안전 피드백의 황금 비율 4:1

안전관리에서 중요한 것은 관리자가 현장을 방문하여 안전 사항들을 관찰하고 근로자들에게 작업이나 관련 사안, 행동에 대한 피드백을 제공하는 것이다. 우선 피드백(feedback)의 목적(이유, why)이 무엇인지 고민해 보자. 우리는 가끔 제품을 구입하거나 어떤 서비스를 이용하면 만족도나 개선 의견을 묻는 전화를 받기도 한다. 이러한 피드백을 받는 목적은 "개선"이라고 할 수 있다. 즉 피드백을 통해 더 나은 제품과 서비스 제공하고자 하는 것이 피드백 요청의 목적이다. 그렇다면 안전 관련 피드백은 목적이 다를까? 그렇지 않다. 근로자 혹은 팀의 안전 수행 역량을 '개발'하고 '발전' 시키는 것이 안전 피드백이 목적이다. 조직 심리에서 피드백은 "근로자의 행동을 변화시키기 위해서 그들의 지난 수행에 대한 정보를 제공해 주는 것"으로 정의된다.

피드백이 어떤 효과를 보일지는 요인들에 따라 달라질 수 있다. 피드백의 가장 대표적인 요인은 피드백의 내용이다. 일반적으로 근로자들은 긍정적 피드백에는 수용적이지만 부정적 피드백은 선호하지 않는다. 긍정적 피드백은 "만족", "기쁨", "자부심"과 같은 긍정적 정서를, 부정적 피드백은 "불안", "분노", "슬픔"과 같은 부정적 정서를 유발하고 이러한 반응의 누적은 업무 수행과 건강 등에 부정적 영향을 미친다. 그렇지만 부정적 피드백(작업 확인서에서 잘못된 점, 언행의 문제점 등)도 필요하고 효과적일 수도 있다. 특히 근로자들이 피드백을 요청하는 경우(어떤 부분을 보완, 수정할지), 그리고 부정적 피드백을 더 나은 작업을 위해 필요한 과정이고, 발전의 기회라고 생각하는 경우에는 효과적이다.

다만, 부정적 피드백을 제공할 때는 그 업무나 행동에 초점을 맞추어 제공하는 것이 좋다. 일하는 자세나 능력, 태도(더 적극적으로, 꼼꼼하게, 성실하게 등)에 대한 전반적인 부정적 평가는 부정적 반응만 증가시킨다. 즉 이러한 피드백은 자기(self)에 대한 위협으로 인식되어 방어적인 반응을 끌어낸다. 어찌하여 그 피드백을 수용하더라도, 그 내용이 쉽게 바꿀 수 없는 부분에 대한 것이라면 긍정적인 피드백 효과를 기대할 수는 없다. 따라서, 내용에 초점을 맞춰 구체적으로 무엇을 어떻게 변화시킬지에 대한 교정적 피드백(corrective feedback)을 제공해야 한다(예, 화기 작업 절차 잘 확인했습니다. 필요 내용은 모두 포함되어 있네요. 다만 지금 정보들이 나열되어 있는데, 근로자들이 좀 더 이해하기 쉽도록, Q&A 형식으로 정리해 주면 더 좋을 것 같습니다.).

무엇보다 긍정적 피드백과 부정적 피드백의 비율이 중요하다. 평소에 긍정적 피드백을 자주 제공하는 상황에서 가끔씩 주어지는 부정적 피드백은 교훈과 충고로 인식될 수 있지만, 부정적 피드백이 자주 제공되는 상황에서 또 하나의 부정적 피드백이 제공되는 것은 효과가 없을 가능성이 크다. 학계에서는 긍정적 vs. 부정적 피드백의 비율을 4:1 정도로 보고 있다.

이론적으로 바람직한 긍정적 대 부정적 피드백 비율은 4:1 정도이다.

그렇다고 긍정적 피드백을 4번 제공하면 꼭 1번씩 부정적 피드백을 제공하라는 것이 아니다. 단지, 긍정적 피드백이 자주 제공되는 것이 중요하다는 의미이다. 일상적인 안전 업무 처리가 잘 진행되는 것, 개인보호구를 제대로 착용하고 있는 것에 관해서도 긍정적 피드백을 제공할 수 있다. 특별한 상황이 아니라도 긍정적인 피드백을 자주 제공하는 것이 관건이다. 근로자들이 상사에게 듣고 싶은 말 1위는 "칭찬"임을 기억하자.

그리고 긍정적 피드백을 제공할 때는 "잘했습니다, 좋습니다, 훌륭합니다"라는 평가적인 멘트만 제공하기보다는 직원 개인의 노력과 능력을 함께 언급(정리가 잘 되어 있네요, 노력한 모습이 보입니다 등)해 주는 것이 그 효과를 증진할 수 있다. 부정적 피드백을 제공할 때는 개인의 노력이나 능력보다는 업무 상황을 언급해 주는 것(지금 한창 바쁜 상황이어서 그렇겠지만, 다른 일로 바쁜 상황이어서 등)이 직원들의 자존감 보호에 좋은 방법이다.

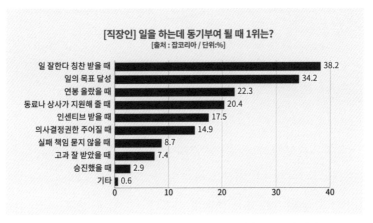

직장인 동기 부여에 가장 효과적인 말은 '일 잘한다'는 칭찬이다

효과적인 안전 코칭: 코칭 스타일에 따라 안전 행동이 달라질 수 있다

지속적으로 변화하는 경영 환경에서, 직원들의 적응 수행(adaptive behavior)은 중요하다. 적응 수행은 "업무 관련 변화로 나타나는 직원들의 업무 행동 변화"로 정의된다. 안전에서도 기계, 장비, 재료, 안전 정책/규정의 변화에 따라 직원들의 안전 적응 수행이 필요하다.

환경 변화에 따라 직원들의 적응 수행 수준이 다르게 나타나는 이유는 성격, 인지적인 능력, 자존감, 목표 추구 성향에 따라 적응 행동이 달라지는 것 등이다. 하지만 이러한 개인적인 특성 이외에 관리자의 코칭에 따라서도 적응 수행은 달라질 수 있다. 코칭은 목표 지향적인 관리 기법으로, 효과적인 리더십의 한 요소이다. 코칭 스타일은 크게 두 가지(지도 vs. 촉진)로 구분될 수 있다. 지도(guidance) 코칭에서 상사나 관리자는 롤 모델이 되어 직원의 업무 성과를 향상시키기 위해 요구되는 업무 관련 행동이 무엇인지에 대해 명확하게 제시하고 업무 수행에 대한 피드백을 제공한다. 관리자는 다양한 수행 기술을 보여 주거나 알려주어 직원들이 관련 지식과 기술들을 습득할 수 있도록 한다. 한편, 촉진(facilitation) 코칭은 활발한 학습을 유도한다. 관리자는 직원들이 스스로 당면한 과제를 탐색하고 평가하며, 문제에 대한 해결책을 발견하도록 격려하고 도움을 주어 수행 향상을 끌어낸다. 자기 주도 학습을 촉진하여 필요한 지식과 역량을 습득하게 한다는 것이다.

지도 코칭에서 관리자는 롤 모델이다. 관리자가 안전한 행동을 시범 보이면, 근로자들은 이를 습득한다. 촉진 코칭에서 관리자는 근로자가 스스로 어떻게 행동해야 안전할지 생각하도록 돕는다. 근로자는 관리자가 제시한 과제를 해결하며 안전 기술과 관념을 습득한다.

　두 코칭의 가장 큰 차이는 학습 방법이다. 관리자 관찰을 통한 학습과 적극적인 자기-주도 학습으로 구분할 수 있다. 지도 코칭에서의 관찰 학습은 빠르게 지식과 기술을 습득할 수 있어 효율적이지만, 탐구하거나 심화된 지식을 얻으려는 직원들의 노력은 줄어든다. 그리고 학습한 상황에는 효과적으로 대처할 수 있지만, 변화하는 상황에서는 기존에 배운 행동을 조정하기가 쉽지 않아 적응하기가 어려워질 수 있다. 이에 비해 촉진 코칭에서는 능동적으로 학습하기 때문에 좀 더 일반화된 기술과 전략을 가지게 될 가능성이 크며, 새로운 환경에서 스스로 문제를 해결하고 새로운 적응 수행을 보일 가능성이 크다.

두 코칭 유형의 효과는 단기적인 그리고 장기적인 관점에 따라 달라질 수 있다. 구체적으로 지도 코칭 스타일은 장기적인 안전 적응 행동에 부정적인 영향을 줄 수 있지만, 단기적인 관점에서는 필요한 지식과 기술을 바로 습득하기 때문에 현재의 안전 준수 행동에 긍정적인 영향을 미칠 수 있다. 이에 비해 촉진 스타일은 장기적인 안전 적응 행동에 긍정적인 효과를 줄 수 있지만, 단기적인 안전 준수 행동에는 부정적인 영향을 미칠 수 있다. 촉진 스타일의 경우, 새로운 상황에 대한 문제 해결에 있어서 직접 기술이나 지식을 가르치기보다는 관리자와 직원 간에 더 많은 대화를 하게 하고, 직원 스스로 문제를 해결하는 다양한 방법들을 생각, 시도해 보게 하기 때문에 단기적으로는 안전 행동 수준이 낮을 수 있다.

최근 많은 조직에서 코칭을 사용하는 빈도가 증가하고 있다. 조직에서는 관리자의 코칭 스타일을 고려해야 한다. 단기적인 측면에서는 지도 코칭 스타일이 안전 준수 행동을 증가시킬 수 있고, 장기적인 측면에서는 촉진 코칭이 적합하다. 따라서 한 가지 코칭 스타일만을 사용하는 것은 종종 변화와 적응이 필요한 안전관리에 적합하지 않다. 관리자들이 코칭 스타일을 상황에 적합하게 사용하는 것이 이상적이다. 관리자들의 30~40%만이 두 스타일을 적절히 가지고 있고, 60~70%의 관리자들은 하나의 강한 코칭 스타일을 가지고 있다고 한다. 특히 생산 압박 상황에 있을 때 관리자들은 지도 코칭을 사용할 가능성이 크다. 하지만 업무 내용이 자주 변경되거나 안전 관련 환경 변화에 민감하게 적응이 필요한 경우에는 촉진 코칭이 적합할 수 있음을 기억하라.

12장

간단하지만 효과적인
안전 프로그램에는
원칙이 있다

효과적인 안전 프로그램

현재 우리나라의 다양한 기업들은 나름대로의 방식으로 안전 프로그램을 운영하고 있다. 규제 기반 접근법, 감성 접근법, 교육 기반 접근법, 공학적 접근법의 네 가지는 지금까지 가장 많이 사용된 방식이다. 이러한 접근법들은 어느 정도의 효과성을 가지고 있다고 생각되었기 때문에 지금까지 사용되었을 것이다. 그러나 이 중 한 가지 방법만으로 안전한 기업을 만들기는 어렵다. 모든 접근법이 근로자의 안전 행동 증진에 도움을 줄 수 있기 때문이다. 하지만 사고의 원인이 불안전 행동이라는 점을 고려했을 때, 위 방법들은 행동을 직접적으로 변화시킬 수 있는 접근법이라고 하기에는 어려움이 있다.

그렇다면 이러한 안전 프로그램들의 효과는 어떠할까? 기업들이 가지고 있는 사고 관련 자료와 프로그램 시행 시기를 고려한다면 어느 정도 비교는 가능할 것 같다. 이와 관련하여, 게스탈로(Guastello)라는 학자가 다양한 안전사고 예방 접근법의 사고 감소 효과를 확인하였다. 다음 페이지의 표를 참고하라. 행동 기반 접근법과 인간공학적 접근 방법의 사고 감소 효과가 각각 59.6%, 51.6%로 가장 큰 것으로 나타났다. 이에 비해 아차 사고 보고와 같은 사후 관리 방식은 효과가 없는 것으로 나타났다.

이러한 결과들은, 큰 틀에서 우리가 어떤 방식으로 재해 예방에 접근해야 하는지 알려준다. 불안전 행동을 안전 행동으로 변화시키는 것, 즉 사고 원인에 초점을 맞추는 행동 기반 접근 방식의 사고 감소 효과가 가장 큰 것은 당연한 것으로 보인다. 우리가 근로자와 관리자의 불안전 행동을 안전 행동으로 변화시킬 수 있다면, 사고는 감소할 것이다.

그렇다고 이러한 행동 기반 접근법만이 최선의 산업 재해 예방책이라고 말하는 것은 아니다. 각 기업의 사정과 상황에 맞는 적절한 방식이 있을 것이다. 그리고 포스터 캠페인, 규제, 법규, 공학적 변화, 스트레스 관리는 안전사고 예방을 위해 기본적으로 필요하다고 할 수 있다. 그리고 이에 행동 기반 접근을 추가하는 것이 더 바람직한 방식이라고 할 수 있을 것이다.

[다양한 사고 예방 접근법들의 효과]

접근법	연구의 수	참가자 수	평균 사고감소(%)
행동 기반 접근 (behavior-based)	7	2,444	59.6%
인간 공학적 접근 (ergonomics)	3	NA	51.6%
공학적 변화 (engineering change)	4	NA	29.0%
집단 문제 해결 (group problem solving)	1	76	20.0%
정부의 개입, 규제, 법규 (government action)	2	NA	18.3%
스트레스 관리 (stress management)	2	1,300	15.0%
포스터 캠페인 (poster campaign)	2	61,00	14.0%
인사 선발 (personnel selection)	26	19,177	3.7%
아차 사고 보고 (near miss reporting)	2	NA	0.0%

안전 보상 프로그램

    회사 내에서 진행하는 안전 프로그램이나 안전 모니터링 시스템이 원활하게 진행되면 안전과 관련된 회의, 대화, 피드백이 증가하고 근로자들의 안전 행동 비율 역시 증가한다. 이러한 결과는 전체 사고 빈도 감소, 심각한 사고 감소, 근로 손실 시간 감소 등과 같은 안전과 관련된 성과들로 나타나고, 궁극적으로 산업 재해에 따른 기업의 손실 비용 역시 감소한다. 이러한 안전 행동 비율의 증가, 안전 행동 목표 달성, 안전 성과들을 유지하고 더 증가시키기 위해서는 근로자들에 대한 보상이 필요하다.

    현재 많은 회사들이 안전에 대한 보상 시스템을 가지고 있다. 이때, 현재 회사에서 진행되는 안전 보상이 무엇에 대한 보상인지 한 번 생각해 보는 것이 좋다. 필자가 경험해 본 여러 회사들의 안전 보상 시스템은 대부분 사고 빈도나 사고율과 같은 안전의 결과에 대한 보상이었고,

협력업체에 대한 평가나 계약 연장에서도 사고 여부나 중대재해가 중요한 고려사항이다. 그리고 인센티브나 보너스도 대부분 사고와 같은 결과를 기준으로 제공되고 있다.

이처럼 결과를 기반으로 하는 안전 보상 프로그램을 진행하면, 사고를 보고하지 않은 근로자들, 또는 조직에게 의도치 않은 보상을 주게 될 수 있다. 무재해 1,000일, 00배수의 경우를 대표적인 예로 들 수 있다. 한 예로, 사고 빈도를 기준으로 각 팀이나 작업 단위별 인센티브를 제공하는 업체가 있었다. 그리고 이러한 인센티브는 팀이나 부서별로 공동으로 사용되고 있었다. 따라서 사고가 발생했을 경우 이를 솔직하게 보고하면 팀이나 부서 전체 인센티브가 감소하게 되고, 이에 따라 팀/부서 운영 자금이 줄어들기 때문에 사고를 보고하지 않는 경우가 있었다.

근로자들이 위험한 행동을 하더라도 대개 사고를 당할 가능성은 적다. 일정 시간 동안 사고가 일어나지 않으면 상을 받는 보상 프로그램에서는 항상 안전 절차를 준수하고 안전 프로그램에 적극적으로 참여하는 근로자들이나, 위험한 행동을 했으면서도 사고를 경험하지 않은 근로자들이나 똑같은 보상을 받는다. 게다가, 만약 그 상이 중요한 경우, 특히 회사나 안전보건위원회에게 중요한 상이라면, 근로자들은 경미한 사고를 정직하게 보고하는 것을 꺼린다.

이러한 문제점을 피하기 위해서, 안전 보상과 인센티브는 안전 관찰을 실행하거나, 안전 회의에 적극적으로 참여하거나, 직간접적으로 현장의 안전과 동료들의 안전과 건강에 기여하는 여러 활동과 같이 안전을 촉진하는 행동에 기반하여 제공되어야 한다. 그리고 현장 모니터링 자료에 근거하여, 안전한 작업장을 유지한 것에 대해 작은 보상이 제공되어야 한다. 보상은 모니터링 자료를 거짓으로 보고할 만큼의 중요한 것(혹은 비싼 것)이 아니라, 안전을 준수했을 때 받기에 충분한 수준이어야 한다. 또 안전 보상은 안전에 특별히 기여한 사람들뿐만 아니라 일상의 작업에서 안전하게 작업을 한 근로자들에게도 고마움을 전하고 그들의 성공을 축하하는 방법으로 제공하는 것이 좋다. 사내의 효과적인 안전 보상 시스템을 위해 다음과 같은 기준을 제시할 수 있다.

기준 1: 안전 절차를 준수하는 활동과 근무 중 안전 행동을 한 근로자에게 안전 보상이 제공되어야 한다.

기준 2: 안전 보상과 인센티브는 너무 크지 않은 적절한 수준으로 제공되어야 한다.

두 번째 기준은 특히 중요하다. 회사의 사고예방 노력이 법적 책임에 중점을 두어 사고와 같은 결과 수치에 집중한다면 근로자들이 사고를 보고하지 않고도 인센티브나 포상을 받게 할 수 있다. 이렇게 한다면 공식적인 사고 기록은 보고되지 않겠지만 근로 손실 시간은 감소하지 않고 장기적으로는 대형 사고가 발생할 수 있다.

안전 보상과 인정 프로그램을 계획하기 전에, 많은 사람들이 안전을 포함한 다양한 보상 프로그램에 부정적인 기억을 가지고 있음을 알고 있어야 한다. 근로자들은 의미 없고 편파적이며, 근로자들의 노력을 공정하게 인정해 주지 않거나 성과보다는 우연한 기회로 보상받은 경험이 있을 수 있다. 이런 경험이 있으면, 잘 설계된 보상과 인정 프로그램을 도입하더라도 초기에 저항할 가능성이 있다. 그렇지만 새로운 보상 프로그램에 저항하는 근로자들도 개인의 노력과 기여에 대해 팀에서 인정해 주고 보상을 제공하면 점차 받아들이는 쪽으로 변화한다. 따라서 보상보다 인정과 축하에 대한 관리를 먼저 계획하는 것이 중요하다.

안전 보상 프로그램을 만들 때, 가장 쉬운 방법은 보상 기준을 세우고 그 기준별로 가능한 보상이나 선물 혹은 이벤트를 제공하는 것이다. 이러한 보상 프로그램은 사전에 계획된다는 점에서 의미 있고 중요하다. 근로자들은 보상이나 보상을 받기 위해 필요한 핵심 행동과 그 수준에 대해 알고 있어야 한다. 이러한 보상 프로그램에서는 일정 시간 동안에 사고가 일어나지 않았다고 해서 상을 받는 것이 아니라, 안전을 위한 구체적인 행동을 했을 때 상을 받는다. 이 점을 제외하고는 전통적인 안전 보상과 유사하다.

광산업에서의 성공은 간단한 보상의 대표적인 사례이다. 한 연구에서는 광산 사고를 감소시키기 위해 보상으로 스탬프 교환 방법을 사용하였다. 한 달 동안 사고나 상해 없이 근무한 현장 근로자들에게 스탬프(일종의 포인트 혹은 마일리지)를 제공하고 그들

근로자의 가족에게도 안전 보상 프로그램을 알리면, 가정에서도 안전에 관심을 가지게 된다.

이 속한 팀원들의 상해나 사고가 없을 경우 팀원 모두에게 추가로 스탬프를 제공하였다. 자발적인 안전 관찰 참여와 안전 제안에 대한 스탬프 제공도 함께 이루어졌다. 장기간의 무재해나 무사고에 대한 보상이 아닌 상대적으로 짧은 기간 동안 부상이 일어나지 않은 것과 안전 관찰, 제안 참여에 근거하여 스탬프를 제공하였음에 주목하라. 근로자들은 이 스탬프를 모아서 그 수에 맞는 보상과 교환할 수 있었다(포인트에 맞게 원하는 다양한 선물을 선택). 그리고 이 스탬프는 계속 누적할 수 있었다. 이 사례가 유명한 이유 중 하나는 이 안전 스탬프 프로그램을 가정에도 편지를 보내 알렸다는 것이다. 안전을 위한 프로그램이고 스탬프가 몇 개 모이면 어떤 선물을 받을 수 있다는 내용이었다. 받을 수 있는 상품 중에는 가정에서 필요한 다양한 수백 가지 물품들이 있었고, 약 6개월 정도 모으면 바비큐 그릴을 받을 수도 있었다. 이러한 카탈로그를 받은 가족들은 출근하는 광산 근로자들의 안전에 대해 더 신경을 쓰기 시작하였다. 즉 회사뿐만 아니라 근로자들의 가족들도 함께 안전에 관심을 기울이고 노력하게 되었다. 이러한 프로그램을 10년 이상 운영하면서 사고로 인한 근로 손실 시간을 획기적으로 감소시킬 수 있었고, 사고로 인한 여러 손실 및 보상 비용 역시 획기적으로 감소시킬 수 있었다.

이러한 안전 보상 프로그램이 효과적이려면, 개인의 상해나 부상을 숨길 만큼 단기간의 큰 보상이 되어서는 안 되고 사고 보고에 영향을 끼치지 않을 만큼 작은 것이어야 하며, 안전 관찰이나 제안과 함께 병행되어야 한다는 것이다.

일반적으로, HSE 운영팀은 간단한 보상 프로그램을 만들고 여러 가지 가능한 기준과 잠재적인 보상을 제안한 다음, 회의를 거쳐 가장 좋은 계획으로 수정해 나가는 것이 좋다. 보상을 주기적으로 바꾸지 않고 매번 동일한 물품, 보상이 모두에게 제공되면, 그 보상 프로그램이 오래가기란 쉽지 않을 것이다. 보통 이런 경우, 주기별로 변화를 주는 것이 좋다. 예를 들어 6개월 주기가 지나면 기준과 그에 맞는 보상을 새롭게 설계하는 것이다. 보상과 기준을 다양하게 함으로써, 근로자들이 흥미를 느끼고 안전 관찰/제안에 참여하거나 안전 행동을 유지할 수 있도록 해야 한다.

　장기 프로그램을 설계할 때는, 가능하다면 초기에 단순히 고정된 보상을 제공하기보다는, 개인이나 팀이 보상 방안을 다양하게 선택할 수 있도록 하는 것이 좋다. 그리고 기준을 단계화하여 단계별 기준을 충족했을 때마다 그 보상을 받을 수 있게 하는 것이 좋다. 누적해서 한 번에 사용하는 것이 아니라 단계별로 달성했을 때마다 보상받는 것이 더 좋은 방법이다.

　안전 보상 절차에는 팀의 성공에 대한 축하와 개인적인 기여에 대한 인정이 기본적으로 포함되어 있어야 한다. 그 후, 궁극적으로 더 정교하고 다양한 안전 보상 계획을 만들어 낼 수 있다. 예를 들면, 안전 보상 프로그램 초기에는 핵심 목표 행동으로 설정한 '개인보호구 착용 85%'를 달성한 부서/지역/팀에게 점심, 저녁 상품권을 제공하는 것이다. 이후, 계획한 안전 관찰 수준의 90% 이상을 유지한 근로자나 팀에게 추가적인 보상을 제공할 수도 있다. 그리고 이러한 행동이 3개월 이상 유지되었을 때 또 다른 보상을 제공할 수도 있다. 즉 다양한 방식으로 근로자들이 안전에 관심을 가지고 참여할 수 있도록 프로그램을 계획하고 수정 발전해 나갈 수 있다.

시스템 설계에서 제일 중요하게 고려해야 할 두 가지 원칙이 있다. 근로자들을 프로그램에 최대한 참여시키는 것과 그들의 일상적인 안전 행동과 안전을 위한 노력이 보상을 받을 수 있도록 해 주는 것이다. 이러한 원칙을 유지하면서 다양한 방법을 사용할 수 있다. 안전 보상 매뉴얼에 없는 축하 행사나 프로그램도 안전 기여에 대한 적절한 인정만 들어간다면 활용할 수 있을 것이다.

안전 복권(일종의 추첨권)과 콘테스트는 재미있고 긍정적인 추가 보상 방법이 될 수 있다. 안전 모니터링에 참여하는 누구나 복권을 받을 수 있다. 관찰 절차에서는 관리자, HSE 직원, 관찰하는 사람들로 하여금 안전 행동을 하는 근로자에게 복권을 전달하도록 할 수도 있다. 복권을 전달할 때는 '안전한 작업에 대한 감사와 인정'을 함께 전해야 한다. 일반적으로, 사람들은 관찰자들이 불안전 행동을 확인, 지적하는 것에 심리적 부담을 느낀다. 그래서, 지적, 확인을 위한 관찰과 관찰자를 달가워하는 근로자는 많지 않다. 안전 패트롤(patrol)은 더욱 그러할 것이다. 반면, 잘하고 있는 행동에 대해 "안전하게 작업하시느라 고생이 많으십니다"라고 말하며 복권을 제공하면 훨씬 심리적 부담이 덜하다. 관찰 체크리스트의 각 구역 점수가 100%면 해당 구역의 직원 전원에게 복권을 줄 수도 있다. 또 근로자들이 안전을 위한 제안을 하거나 표어 공모전에 참여하는 등의 활동을 해도 복권이 지급된다. 그렇게 근로자들은 안전 행사가 있는 날, 즉 마감 기한까지 복권을 모으게 된다.

복권을 많이 모은 근로자는 당첨될 확률이 높을 것이다. 복권 프로그램의 장점은 근무 중 안전 준수에 대해서 즉각적이고 물질적인 보상을 제공한다는 점이다. 복권은 안전 준수와 참여에 대하여 긍정적인 피드백과 긍정적인 동기를 제공할 수 있다. 따라서 복권 시스템은 재밌어야 하며, 조직의 안전 노력에 기여했다는 자부심을 만들어 주는 프로그램으로 사용되어야 한다. 예를 들어 한 달에 한 번 복권을 추첨하는 날을 잡아, 직원들이 모여 간단하게 간식을 먹으면서 안전에 대한 노력을 인정받고, 경품 추첨을 할 수 있다.

그렇지만 복권의 경우 경쟁으로 인해 감정이 상할 수 있다는 점이 문제가 될 수 있다. 복권에 당첨되지 못한 사람은 실망하게 되고 감정이 상하기 때문에, 매우 중요하거나 많은 금전적인 가치를 지닌 보상을 사용하는 것은 문제를 가져온다. 따라서 가능한 많은 직원이 보상을 받을 수 있도록 계획하는 것이 좋다. 복권을 한 개라도 받았다면 기본 상품을 받을 수 있게 하고, 복권을 가장 많이 받은 사람들은 추가의 선물을 받을 수 있게 해 주는 것도 좋은 방법이다.

여기서, 중간에 사고나, 상해 등이 발생하면 복권 프로그램이 운영되지 못할 수도 있다. 동료가 부상 혹은 상해를 당한 상황에서 누군가가 복권을 얻는 것은 바람직하지 않다고 생각할 수 있기 때문이다. 심지어 완전히 복권 시스템이 끝나게 될 수도 있다. 또 다른 문제는 복권을 받은 사람이 복권을 분실하거나, 숫자나 글자가 보이지 않게 될 수 있다는 것이다. 따라서 복권을 받은 사람이 누구인지 기록하고 자료를 보관할 필요가 있다. 그리고 경품 준비에 비용이 들기 때문에 예산 문제가 발생할 경우 계속 진행하는 것이 힘들어질 수도 있다. 따라서 복권 시스템은 사전에 충분한 준비가 필요하다.

기존의 안전 보상과 마찬가지로 안전 보상 기록에는 복권을 통해 보상을 받은 근로자의 이름과 보상 수준, 그리고 복권을 받은 주요 이유에 대해 기록해야 한다. 이런 기록을 통해 지속적으로 경품을 변경하고, 재미있고 의미 있는 행사를 기획할 수 있다. 그리고 안전 복권 제도에 대해 근로자들에게 지속적으로 의견을 청취하면서 점점 더 발전시켜 나가는 것이 좋다. 다시 한번 강조하지만, 안전 보상 프로그램은 모든 사람에게 재미있는 축하 행사로 자리잡아야 하며, 주된 상품뿐만 아니라 작은 보상들을 많이 제공하여 "안전 승자"를 만들어 내는 것이 중요하다.

조직의 안전 문화 수준

안전 문화는 조직, 혹은 공장별로 다를 수 있다. 영국의 직능단체 Energy Institute(EI)의 Hearts and Minds 프로그램에 따르면 안전 문화는 아래 그림에서와 같이 법규제 대응적 단계에서 발전적 단계에 이르는 다섯

가지 단계를 따라 발전한다. 아래 제시된 특징들을 보면서 현재 일하고 있는 조직/공장 혹은 부서의 안전 문화가 어느 단계에 있는지 파악해 보자. 그리고 앞으로 어떤 노력을 더 해야 하는지 고민해 보는 계기가 되었으면 한다.

1. **'법규제 대응적(pathological) 단계의 조직'**은 사고는 개인의 문제나 실수로 일어나며 안전관리도 법에서 요구하는 조치만 취하면 된다고 믿는다. 이 단계의 조직은 안전을 생산의 방해요소라 간주하여 아무리 좋은 도구를 적용하더라도 효과가 나타나지 않는다. 다시 말해 명확히 법에서 요구하고 있는 사항에 대해서, 그것도 단속을 피할 수 있을 정도로만 조치를 취하며, 모든 사고는 개인의 잘못으로 돌려 시스템적인 접근이 불가능하다.

2. **'반응적(reactive) 단계의 조직'**은 안전보건이 중요하다고는 생각하나 문제의 원인이 대부분 직원에게 있다고 믿는다. 조직과 개인의 안전 수준은 기본적인 단계로, 경영진이나 직원이 보기에도 명백하게 문제가 되는 사안에 대하여 간단한 안전관리 툴을 적용하는 것이 바람직하다. 아직 일어나지 않은 사고나 문제와 관련된 도구는 조직에서 납득하지 못할 가능성이 크다.

3. **'계획적(calculative) 단계의 조직'**은 안전보건성과를 제고하기 위해 경영시스템을 구축하고 관련 다수의 도구와 교육을 수행하여야 할 필요성을 믿는다. 안전관리는 그 효과성보다는 수치에 집중

하며(예를 들어, 안전 교육의 효과성 평가보다 교육생 수에 초점을 맞춤) 안전 전문 인력이 안전 업무를 수행하고 성과에 책임을 져야 한다고 생각한다. 이 단계의 조직은 기존의 사고사례나 현재 문제가 되는 특정 리스크를 해결하기 위해 안전관리 도구를 활용하고자 한다.

4. **'선제적(proactive) 단계의 조직'**은 안전보건을 조직의 기본적 가치로 간주하며 모든 계층의 리더가 진정으로 직원과 협력회사의 건강과 웰빙을 관리한다. 이 단계의 조직은 사고의 주원인이 경영시스템 운영실패에 있다고 생각하며 사고율뿐만 아니라 아차 사고와 같은 잠재적 요인까지 선행지표로 관리한다. 업무 프로세스를 간소화하고 현장 작업자와 관리자를 지원하기 위한 도구를 필요로 하며 지속적 개선을 조직의 목표로 분명하게 수립하여 실행한다.

5. **'발전적(generative) 단계의 조직'**은 높은 수준의 자율 관리를 실행하고 있으며 전체적인 조직 환경을 이해하고자 노력한다. 안전보건을 전사적으로 실행하며 이 조직의 사람들은 규제를 강제적으로 요구하는 것이 계층 간의 신뢰가 없어서 벌어지는 비생산적인 일이라고 생각한다. 모든 직원이 거리낌 없이 안전 이슈를 제기하며 리더는 이를 지원한다.

에필로그

다음의 질문들에 대답해 보자.

"우리 회사에서 지난 몇 년간 안전사고가 발생하지 않았다면, 이는 회사의 안전관리 시스템이 잘 구축되어 잘 운영되었기 때문일까?"

"앞으로 어떻게 우리 회사의 안전을 관리하고 안전 문화를 긍정적으로 변화시킬 수 있을까?"

"우리 회사에는 안전 문화 증진을 위한 회사와 공장/부서별 안전 목표가 있나?"

"어떻게 근로자들이 안전에 관심을 가지고 안전 프로그램에 적극적으로 참여하게 할 수 있을까?"

이 책이 위 질문들을 해결할 가이드라인을 제공해 주었기를 바란다.

앞서 언급했지만, 기업의 높은 수준의 안전을 위해서는 학제적

(interdisciplinary) 접근법이 필요하고, 이 책에서 제시하는 안전에 대한 심리학적 접근법이 기업의 안전 증진에 도움이 될 수 있을 것이다. 다음의 내용들을 꼭 기억했으면 한다.

첫째, 안전관리를 위해서는 왜 근로자들이 불안전 행동을 하는지에 대해 이해해야 한다. 안전 행동보다는 불안전 행동이 개인에게 즉각적이면서도 긍정적인 결과를 제공한다는 점도 알아야 한다. 이를 이해한다면, 우리는 안전하게 작업하는 근로자들이 불편함과 번거로움을 감내하면서 많은 노력을 기울이고 있다는 것을 알 수 있다. 따라서 일상의 작업에서 안전 행동을 하는 근로자들이 그들의 안전을 위해 기울이는 노력에 감사와 인정을 전달해야 한다.

둘째, 안전 문화는 하루아침에 완성되지 않고 장기적인 관점으로 꾸준하고 일관성 있게 안전 프로그램을 진행해야 이루어질 수 있다. 특히 상위 관리자들의 안전 리더십(안전에 대한 중요성 강조 및 몰입, 안전 행동과 상태에 대한 양방향적 의사소통, 안전에 대한 솔선수범, 프로그램 참여 독려, 인정과 동기 부여)이 수반되어야 프로그램이 지속되고 안전 문화를 달성할 수 있다. 기업 듀퐁(DuPont)의 안전 문화 로드맵에서는 최고의 안전 문화 수준까지 3년을 계획하고 진행함을 참고하라. 경영진과 관리자들은 안전 문화의 중요성과 안전 문화의 5수준에 대해 이해하고 이를 구축하기 위한 계획-실행-점검-조치(plan-do-check-action)를 꾸준히 진행할 필요가 있다.

셋째, 자신의 행동을 관찰한다고 하면 대부분 부정적인 반응을 보일 것이다. 안전 관찰을 감독, 감시로 여기고, 이러한 감독과 감시는 대부분 부정적인 결과(경고, 질책, 벌금 등)를 가져오기 때문이다. 다시 말해, 행동의 관찰과 기록은 처벌의 역사를 가지고 있다. 반면, 스포츠 상황을 생각해 보자, 야구, 축구 선수들은 그들의 행동을 면밀하게 관찰하고 측정하는 것을 싫어하지 않는다. 그 이유는 이러한 관찰, 측정 자료를 가지고 잘하고 있는 부분을 인정해 주기 때문이다. 또한, 부족하고 보완해야 할 부분이 있다면, 이 자료는 조언과 코칭을 통해 발전할 근거로 사용되기 때문이다.

결국 관찰한 자료를 어떻게 활용하는지가 중요하다. 관찰이 처벌의 역사가 아닌 긍정적인 결과(강화)의 역사를 가질 수 있도록 바꾸는 것이 중요하다. 안전 담당 직원들과 관리감독자는 관찰 자료 중 불안전 행동에 초점을 두고 부정적인 방식으로 활용하기보다는, 안전 행동에 초점을 맞춘 긍정적인 방식을 사용해야 한다.

안전관리는 인간 본성과의 싸움이다(fighting with human nature).

안전 프로그램,
현업에 적용해 보기

안전 모니터링 체크리스트 개발 및 활용

현장 안전 모니터링을 할 수 있도록 만드는 기본적인 도구가 관찰 체크리스트이다. 일반적으로 관찰 체크리스트는 이미 많은 사례와 연구에서 검증된 관찰 체계 개발 6단계(Sulzer-Azaroff, 1982)를 참고하여 개발한다.

체크리스트 개발의 첫 단계는 기업/공장 내에서 일어났던 과거 사고와 부상을 분석하는 일이다. 과거 3년에서 5년 사이에 발생한 사고들을 살펴본 뒤, 부상이나 사고 발생을 막을 수 있었던 행동/상태(behavior/condition)들을 파악해야 한다. 위험요인이나 요구되는 안전 행동이 다르기 때문에 이러한 분석은 부서/공장/공정별로 분석하는 것이 좋다. 그리고 사고 발생 위험성이 높은 작업, 시간, 장소가 언제인지 분석하는 것도 좋다.

이러한 자료를 바탕으로 체크리스트를 만들기 위한 행동/상태 항목들을 준비한다. 항목들을 가지고 사고나 부상을 일으킬 가능성이 큰 순서대로 나열한다. 그리고 항목들을 묶을 수 있는 범주, 즉 항목 윗부분에 사고나 부상을 가장 많이 일으키는 범주(보통 "개인 보호 장비", "신체 자세 및 위치")를 작성한다. 그런 다음 과거에 사고, 부상을 많이 일으킨 순서대로 각 범주마다 행동/상태 항목을 분류하면 된다. 그렇게 함으로써 각 범주의 윗부분에서는 지금까지 가장 많은 사고나 부상과 관련된 행동/상태를 확인하고, 범주의 아랫부분에서는 가장 적게 부상을 일으킨 행동들을 확인할 수 있다.

다음 단계는 각 부서에서 만든 항목들을 비교하여, 전체 부서에 공통적으로 중요한 항목인지 혹은 각 부서에만 해당되는 항목인지를 결정한다. 일반적으로, 각 공정/공장/장소에 따라서 각각 다른 체크리스트가 필요하다. 즉 생산라인, 정비유지, 실험실, 창고 등 각각의 장소에 따라 그 환경에 맞는 체크리스트가 필요하다. 그렇지만 어떤 경우에는 하나의 체크리스트만 가지고도 사용할 수 있다. 때로는 각 부서별로 세션을 구분하여, 전체 관찰 과정에 공통사항이 약 75% 정도 포함되도록 체크리스트를 만들 수도 있다.

기초적인 체크리스트 목록을 완성한 다음에는 중요한 행동이나 상황을 확실히 하기 위해 그리고 어떤 행동이나 상황이 추가 돼야 하는지를 결정하기 위해서 근로자들과 관리자가 함께 처음 작성한 안전 행동/상태 목록을 확인하고 인터뷰, 회의 등을 거쳐 수정·보완한다.

각 항목을 살펴보고, 불안전한(위험한) 행동/상태보다는 안전 행동/상태로 목록을 작성하도록 해야 한다. 현장 모니터링이 불안전 행동이나 상태를 찾아 질책, 비난, 처벌, 경고하는 전통적이고 부정적인 접근법보다는 안전 행동/상태 증가에 대한 지지, 인정, 보상과 같은 긍정적인 접근법이 되도록 하기 위해서이다. 그리고 추가적으로 안전에 관해 이야기할 때 작업장에 있는 직원들과 의사소통을 쉽게 할 수 있다. 이로 인해 직원들이 안전 행동/상태에 더 많은 관심을 가지고 유지할 수 있다.

그런 다음 체크리스트에서 논리적으로 결합될 수 있는 항목들을 하나의 항목으로 통합할 수 있다. 예를 들어서, '안전모 착용', '지정된 장소에서 보호 안경 착용', '고소음 지역에서 청력 보호 장치(귀마개) 착용'과 같은 항목들에 대해서, '적절한 개인 보호 장비 착용'과 같이 하나의 항목으로 결합할 수 있다. 그렇지만 때로는 작업장별로 각 항목의 중요성을 강조하기 위해 항목들을 결합하지 않고 그냥 두기도 한다.

[안전 모니터링 체크리스트 개발 과정]

단계	내용
1단계: 사고 기록 분석	- 최근 3년-5년 동안 회사에서 발생한 산업재해 현황을 분류한 후, 사고 원인과 가장 빈번하게 발생하는 사고 유형을 분석 - 동일/유사 업종의 중대재해 자료가 있다면 이를 분석에 포함
2단계: 인터뷰 실시	- 관리자, 근로자 대표들에게 현장에서 일어날 수 있는 사고와 이 러한 사고 예방에 필요한 관리자와 근로자들의 행동과 상태에 대해 인터뷰 및 토의 - 안전보건공단에서 제공하는 관련 규정 및 지침서를 고려하여 체크리스트 가안 확정
3단계: 현장 모니터링 실시	- 1, 2단계를 바탕으로 확정된 안전 행동/상태들이 실제 현장 상 황을 적절히 반영하는지를 알아보기 위해 현장 모니터링 실시 - 체크리스트 가안을 가지고 미리 측정해 봄으로써 관찰 항목들 의 적절성을 판단
4단계: 위험성에 따른 우선순위 설정	- 선정된 항목 가운데 현장 관리자와 토의를 거친 후 빈번하게 관 찰 가능하고, 각 현장에서 위험성 정도가 큰 관찰 항목(critical item)들을 최종 선정
5단계: 각 항목의 구체적 정의	- 관찰할 때 행동과 상태의 안전, 불안전을 결정하는데 필요한 구 체적인 정의를 각 관찰 항목별로 확정
6단계: 관찰 체계 확립	- 누가, 언제, 어떻게, 몇 회 관찰할지 결정 - 관찰 자료 보관 및 분석된 결과 전달 방식 확정

안전 관찰 체크리스트(예시)			
관찰자: _____	요일: _____	날짜: _____	시간: ____
관찰자 부서:		관찰 지역:	

설명: 관찰한 각각의 안전 행동/상태에 대해서는 "안전"에, 잠재적으로 부상이 일어날 수 있을 만한 행동/상태에 대해서는 "염려"에 "正"으로 표기하세요. 중요한 안전 행동이나 걱정되는 부분에 대해서는 "코멘트" 란에 작성하세요.

1. 신체 위치	안전	염려
1.1 물건을 들거나 팔을 뻗거나 당길 때 적절한 자세		
1.2 이동 중 또는 작업 중 시야 확보		
1.3 개구부, 날카로운 모서리, 뜨거운 물체 표면에 대한 적절한 작업 행동		

3. 도구와 장비	안전	염려
3.1 도구와 장비의 사용		
3.2 운송수단과 이동식 장비 사용		
3.3 도구와 장비의 상태와 위치		

2. 작업 조건	안전	염려
2.1 사전 확인 후 작업 허가		
2.2 위험/경고 표시와 방어벽		
2.3 깨끗한 작업장과 미끄럼 방지 작업 지역		
2.4 재료 저장소 점검		

4. 개인 보호 장비	안전	염려
4.1 추락 방지		
4.2 적절한 호흡기 장치		
4.3 눈/얼굴/손/팔 보호 장비		
4.4 청력 보호 장비		

코멘트:

체크리스트는 변경이 가능한 도구이지만 안전 행동이나 상태가 어느 정도 변화하고 있는지, 즉 트렌드나 평균 안전 비율을 파악하기 위해서는 보통 3~6개월 정도는 항목을 고정하는 것이 좋다.

관찰 체크리스트를 만들 때 고려해야 할 사항들이 아래 표에 제시되어 있다. 개별적으로 작성해 본 후 아래 사항을 고려하여 부족한 점을 보완하면 더 좋은 체크리스트를 만들 수 있다.

〈표〉 관찰 체크리스트를 만들 때 고려할 사항

고려사항	Yes	No
1. 체크리스트가 1 페이지 이상 되는가?		V
2. 모든 항목들은 분명하고 구체적인가?	V	
3. 모든 항목들은 다른 항목들과 겹치지 않는가?	V	
4. 항목에 대한 정의와 설명은 분명하고 간결한가?	V	
5. 관찰자의 이름/날짜/시간을 적는 공간이 있는가?	V	
6. 피관찰자의 이름을 적는 공간이 있는가?		V

효과적인 안전 보상 설계

가장 좋은 안전 보상 프로그램은 개인이나 팀/부서의 안전 수행 수준에 적합한 다양한 인정과 보상을 제공하는 것이다. 일종의 항공사 마일리지 프로그램과 유사하다. 즉 언제 어디서든지 특정 항공사 비행기를 타면 마일리지를 받고, 비행기를 많이 탈수록, 더 많은 마일리지가 쌓이게 되고 마일리지 수준에 따라 혜택(무료 항공권, 티켓 비용 할인, 수화물 무료, 비즈니스 업그레이드 등)이 달라진다.

가장 높은 단계의 보상 비용은 회사 상황이나 여건에 따라 다를 수 있다. 일반적인 회사들은, 가장 높은 단계를 충족했을 때 20만 원 내외의 보상을 제공하고, 그 외 단계의 보상은 1~10만 원 정도의 상대적으로 적은 금액으로 정한다. 보상 프로그램에서 중요한 점은 회사가 근로자들의 안전 향상에 대한 노력에 의미 있는 방식으로 고마움을 표현하는 것이다. 고마움의 표현이 물질적인 보상으로 변질되어서는 안 된다는 것이다. 만약 보상에서 제공하는 물품이 매우 고가인 경우 의도와 달리 부상, 상해, 아차 사고에 대한 보고를 숨기거나 관찰 결과를 거짓으로 보고할 가능성이 있다.

어떤 기업에서 단계별 보상으로 냉장고, 대형 TV와 같은 고가의 상품까지 제공한 적이 있었다. 어떻게 되었을까? 예상과 같이 많은 근로자들과 관리자들이 관심을 보였고 안전 관찰의 빈도와 자료가 획기적으로 증가하였다. 하지만 자료는 대부분 "100% 안전 수행"이라는 거짓 보고로 이루어져 있었으며, 일부는 현장을 방문하지도 않고 기록하기도 했다. 이런 보상 프로그램으로는 안전 프로그램이 성공하기 어렵다. 그리고 한두 가지의 고가 물품은 많은 사람들이 보상받을 기회를 제한할 수 있기 때문에 좋지 않다. 보상 프로그램의 핵심은 안전에 대해 노력해 준 많은 구성원들이 보상을 받도록 하게 하는 것이다.

단계별 수행과 성과에 대한 보상 목록을 확보하기 위해 프로그램 운영팀이 브레인스토밍을 할 수 있고, 인정/보상 선호 정도에 대한 직원 설문조사를 통해 근로자들로부터 아이디어를 얻을 수도 있다.

보상 메뉴를 정하는 이유는 받는 사람에게 의미 있는 인정을 제공할 수 있게 하기 위해서이다. 따라서 다양한 종류의 보상이 근로자들에게 어떤 의미가 있는지를 파악하는 것은 안전 수행과 성과에 대한 인정에서 매우 유용하다. 인정 아이템 순위를 정하기 위해 직원들을 대상으로 간단한 설문을 할 수 있다. 예를 들어 1~2만 원, 3~5만 원, 5~10만 원, 10~20만 원의 범주로 구분한 후 다음과 같이 물어볼 수 있다.

다음 해/분기부터 우리 공장/기업은 근로자들의 안전 노력을 향상시키기 위해 단계별 안전 인정/보상 절차를 계획하고 있습니다. 이러한 절차의 한 부분으로, 모든 직원들이 의미 있고 재밌게 참여하는 절차를 만들고 안전 성공을 기념하는 축하 행사를 하고자 합니다.

이를 위해 개인과 팀 단위의 보상과 활동을 찾고 있습니다. 여러분의 의견은 안전 인정/보상 활동을 더 효과적인 프로그램으로 개발하는 데 큰 도움이 될 것입니다! 다음의 금액대에 적절한 원하는 것들을 답변해 주시면 감사하겠습니다.

- 1~2만 원: 개인: 팀:
- 3~5만 원: 개인: 팀:
- 5~10만 원: 개인: 팀:
- 10~20만 원: 개인: 팀:

기타 의견(인정이나 직무 관련 보상):

그리고, 이를 통합하여 각각의 성과 수준에 따라서 축하와 보상의 종류를 결정하면 된다. 축하와 인정, 보상을 제공하는 기준은 개인과 팀/부서로 나눠서 각각 제공할 수도 있고, 모두 함께 제공할 수도 있다. 관련 예시가 아래 표에 제시되어 있다.

수준	기준		인정과 보상
	개인	팀/부서	
1	- 실질적인 안전 제안을 한 직원 - 정기적 안전 관찰에 참여하기로 약속하고 1회 관찰한 직원	- 첫 안전 목표(예: 안전 행동 준수 비율 80%, 안전 관찰에 참여한 직원 비율 50% 등)를 달성한 팀/부서	- 안전 기여에 대한 감사 선물(우산/탁상용 선풍기 등 직원들이 필요한 것) - 안전 프로그램 담당자나 관리자의 감사 표현
2	- 한 달 동안 계획된 관찰(주 1회)을 수행한 직원 - 한 달 동안 가장 가치 있는 안전 제안을 한 직원(관찰 결과로 제안 가능)	- 한 달 동안 안전 목표를 충족시킨 팀/부서	- 인사 평가의 가점 1 - 커피 쿠폰/피자 파티 - 1~2만 원 상당의 보상 - 안전 프로그램 담당자나 관리자의 감사 표현
3	- 1분기 동안 계획된 모든 관찰을 완료한 직원 - 1분기 동안 양적 질적 측면을 고려하여 우수한 안전 제안을 한 직원(여러 명 가능)	- 1분기 동안 안전 목표를 충족시킨 부서/팀	- 인사 평가의 가점 2 - 상위 HSE 관리자 감사 표현(방문/서면) - 3~5만 원 상당의 보상
4	- 반년 동안 계획된 모든 관찰을 완료한 직원 - 반년 동안 양적 질적 측면을 고려하여 우수한 안전 제안을 한 직원(여러 명 가능)	- 반년 동안 안전 목표를 충족시킨 부서/팀	- 인사 평가의 가점 3 - 임원진의 감사 표현(방문/서면) - 5~10만 원 상당의 보상(가족에게 의미가 있는)
5	- 1년 동안 가장 많은 안전 관찰을 한 직원 - 1년 동안 양적 질적 측면을 고려하여 우수한 안전 제안을 한 직원(여러 명 가능)	- 1년 동안 안전 목표를 충족시키고, 부상 빈도와 수준이 업계 평균 혹은 정해진 기준보다 낮은 팀/부서	- 인사 평가의 가점 4 - 경영진의 감사 표현(방문/서면) - 10~20만 원 상당의 보상(가족에게 의미가 있는)

중요한 것은 근로자들이 안전 행동을 하면서 긍정적인 경험을 많이 하게 하는 것이다. 학습 심리학의 대표적인 이론인 조작적 조건화에 따르면(operant conditioning), 특정 행동 이후에 긍정적인 결과가 즉각적으로, 자주, 만족할 만한 수준으로 제공될수록 그 행동이 증가할 가능성이 커지기 때문이다. 긍정적인 결과는 꼭 물질적인 것을 의미하지는 않는다. 물질적인 보상에만 초점을 맞추는 것은 직원들의 안전 노력에 대한 의미를 감소시킬 수 있다.

필수적인 안전 보상 절차는 안전 향상을 위한 개인적인 노력을 최대한 인정해 주고 감사 피드백을 제공하는 것이다. 이러한 인정은 안전 관련 회의, 다른 부서와의 회의 또는 사적으로 제공될 수 있다. 그리고 HSE 운영팀 회의나, 경영진 회의를 시작할 때 하나의 안건으로, 감사의 뜻을 전하는 시간을 갖는 것이 좋다. 또 감사장(상장, 상패)을 사용하거나 사내 게시판에 감사의 말과 그들의 구체적인 노력과 기여를 적어 사람들에게 알릴 수도 있다.

이러한 안전 인정의 경우, 사람들이 왜 이런 인정을 받는지 알고, 인정을 제공하는 임원이나 경영진들이 효과적인 인정 제공 방법에 대해 잘 알고 있을 때 성공적일 수 있다. 그리고 관리자들은 안전 모니터링에 적극 참여하고 성실하게 완료하는 관찰자들에게 인정을 제공해야 한다. 이런 인정은 정기 회의에서 고마움을 표현함으로써 이뤄질 수도 있고, 간단한 감사 편지를 통해서도 이뤄질 수 있다. 모든 직급의 노력에 대한 인정과 긍정적 피드백은 모든 안전 보상에 기본적으로 포함되어야 하는 매우 중요한 요소이다.

안전 보상 문서 혹은 사내 시스템에는 상을 받은 근로자의 이름과 보상 수준, 그리고 안전 달성을 축하한 사건이 무엇이었는지를 기록/입력해 놓는 것이 좋다. 이런 기록을 통해 과거에 어떤 일이 있었는지를 확인할 수 있으며, 동일한 근로자나 부서/팀/현장에 이전과 똑같은 보상을 제공하는 난처한 상황을 막을 수 있다. 안전 보상이란 모든 사람에게 재미있는 축하 행사를 만들어 주는 것임을 기억하자. 주된 상품과 더불어 작은 보상을 많이 주고, 중요한 것은 많은 "승자"를 만들어내야 한다는 것이다.

안전보건 교육 방법

‖ 성인 학습자에 대한 이해 ‖

안전 보건 교육의 중요성은 여러 번 강조해도 지나치지 않다. 안전과 건강에 필요한 행동을 하려면 관련 지식을 가지고 있어야 하고, 그 행동의 중요성을 이해해야 하며, 긍정적인 태도로 행동하고자 하는 자세를 갖추어야 한다.

이를 위해 안전 보건 교육 담당자들이나 교수자들이 알아야 할 것은, 그들이 교육할 대상의 특징이다. 근로자들은 성인이므로, 청소년 학습자와는 다른 특성을 보인다. 이러한 특성에 대한 이해를 바탕으로 효과적인 안전보건 교육 방법들을 모색해 볼 수 있다.

Davis(2011)가 제시한 성인 학습자의 특징은 다음과 같다.

- **성인들의 학습 상태는 백지(tabula rosa)가 아니다**: 성인은 초/중/고등학교 혹은 대학 교육을 통해 학습한 지식을 가지고 있고, 폭넓은 경험을 쌓은 상태이다. 일터에서의 경험, 여행이나 독서를 통해 얻은 경험은 청소년에 비해 월등히 넓고 깊이가 있으며, 학습 현장에서는 성인들의 경험과 지식을 추가 자료로 활용하여 학습 효과를 높일 수도 있다.

- **중요성을 이해해야 하고, 실용적인 측면을 중요시한다**: 성인 학습자는 이론적인 내용보다는 실천할 수 있는 실용적인 측면을 중요시한다. Cross(1981)는 성인 학습자들을 대상으로 면담 연구를 하였는데, 학습을 시작한 이유와 계속하는 이유 중 1위가 '실천하기 위하여'였다. 그리고 이러한 실용적 측면이 왜 중요한지에 대해 충분히 설명해 줄 필요가 있다. 배우고 학습하는 내용이 이해되지 않으면 활용할 가능성이 매우 낮아지기 때문이다. 따라서, 학습한 내용을 실천하는 것이 왜 중요한지, 다른 사례에서는 어떤 효과가 있었는지, 내 일과 삶에 어떤 도움이 될 것인지, 즉 중요성이나 필요성을 다시 한번 설명할 필요가 있다.

- **선택적으로 지각하고 선택지가 너무 많으면 혼란스러워한다**: 성인은 사물이나 내용에 주의를 주거나 인식하는데 모든 경우의 수를 고려하기보다는 필요한 것, 이해관계가 있는 것을 더 잘 인식하고 기억한다. 따라서 너무 많은 선택지를 주는 것보다는, 실용적이고 실현 가능한 3~4가지 안 중에서 선택하게 해야 한다. 특히 성인들은 가정이나 사회에서 돌보거나 책임져야 할 일들이 많기 때문에 너무 많은 것을 요구하는 것에 부담을 느끼는 경우가 있다.

- **평판과 존경 등에 관심이 많고 자존심 유지를 중요시한다:** 성인은 자신이 다른 사람들(동료, 선후배 등)의 눈에 어떻게 비치는지, 어떻게 평가받는지에 대한 관심이 많다. 그리고 사회에서 어른으로 존중받는 것을 어느 정도 기대하고 있다. 그리고 성인은 자존심을 지키려고 하기 때문에 학습이나 교육 장면에서 자칫 자존심이 손상될 만한 상황에 처하면 교수자뿐만 아니라 학습자들 간에도 갈등이 일어날 수 있다.

- **동등한 사람으로 취급되기를 원한다:** 특정 분야에서 오래 재직하신 경우 오랜 경험과 전문성을 갖추고 있는 경우가 많고, 해당 분야의 전문가라 자칭하는 분들도 종종 있다. 따라서 다른 사람의 권위나 전문성에 대해 특별한 존경심을 갖기보다는 다른 사람의 전문성과 자신의 전문성을 동등하게 취급받고 싶어 한다.

- **자신의 학습에 영향을 미치는 습관과 고정관념을 가지고 있다:** 성인은 몸에 밴 자신만의 독특한 습관과 성격을 가지고 있는데, 이 습관과 성격은 개인의 학습 과정과 결과에 영향을 준다. 그리고 성인은 자신의 경험을 바탕으로 한 통찰이나 지혜를 정답으로 여기는 경향이 있다. 따라서 다양한 가능성을 열어두기보다는 특정한 가치나 태도를 고수하는 모습을 보이고 이는 나이가 들어갈수록 증가하는 경향이 있다.

- **개인적 감정 표현을 자제하지만, 존재 이유를 필요로 한다:** 성인은 교육 장면에서 특별한 경우가 아니면 하고 싶은 표현을 하기보다는 마음속에 간직하는 경향이 있다. 좀 더 개방적이고 우호적인 분위기가 형성되었을 때 표현을 유도하는 것이 적절할 수 있다.

그리고 성인은 특별한 역할(조장, 팀장)을 맡으면 이를 잘 받아들이고 적절한 반응을 하는 경향이 있다. 만약 초대받은 상황에서 아무런 역할이 부여되지 않았다면, 그 자리를 불편하게 생각할 것이다.

이러한 성인 학습자의 특성을 고려한다면 우선, 교수자는 교육에 참여하는 사람들을 피교육자로 바라볼 것이 아니라, 공동 학습자로 생각하고 그들이 가진 경험과 지식, 전문성을 교육에 활용해야 한다. 교수자가 어느 정도는 주도적으로 교육 진행을 이끌어가지만, 촉진자(facilitator)나 지원자(supporter)로서의 기능을 담당한다고 생각하고, 교육 중에 교육생들이 참여할 수 있는 내용을 포함하는 것이 좋다. 그리고 개인별로 듣는 수업보다는 팀을 구성하여 집단 학습이 될 수 있도록 하는 것이 참여를 더 잘 끌어낼 수 있다. 팀을 구성하면 팀장, 부팀장을 선정하여 그들이 교육 장면에서 적극적인 역할을 할 수 있도록 해 주는 것이 좋다.

교육 주제의 경우 일이나 일상생활에 도움이 될 수 있다는 것을 강조하고, 관련 사례를 들어주는 것이 좋다. 학습자들이 교육 이후 곧바로 응용할 수 있는 학습이 더 오래 기억에 남으며, 즉시 사용할 기회를 찾게 하여 교육의 효과를 증진할 수 있다. 필요성과 중요성에 대한 인식 외에 교육 내용의 흐름이 논리적이고, 그 논리가 학습자의 경험과 관련되어 의미가 있다고 여겨지면 학습이 더욱 촉진될 수 있다.

교수자는 학습 방법에 대한 전문적 지식과 경험을 갖출 필요가 있다. 그렇다고 자신이 이 분야 전문가이고 권위자라는 것을 강조하는 것은 성인 학습자에게 반감을 줄 것이다. 개인차와 그들의 경험 차이를 수용하여, 반대나 반박하는 질문이 있는 경우, 경청한 후에 함께 논의하는 방향으로 유도하는 것이 좋다.

‖ 효과적인 안전 교육의 원리 ‖

안전 교육과 훈련의 궁극적인 목표는 작업 현장에서의 말과 행동의 변화라고 할 수 있다. 아무리 많은 교육을 받았다고 하더라도, 현장의 말과 행동이 교육 전과 같다면, 교육의 효과는 부족하다고 할 수 있다. 예를 들어 관리 감독자들을 대상으로 안전 리더십, 안전 코칭 교육을 실시했지만, 기존과 동일한 방식으로 안전관리 행동을 한다면, 궁극적으로는 근로자의 행동 변화를 만들 수 없고, 교육의 효과도 확인할 수 없게 된다.

따라서 안전 교육의 효과를 증가시키기 위해서는 필요한 교육을 개발하는 것도 중요하지만, 실제 교육을 진행할 때 교육의 효과를 촉진하는 원리를 충분히 반영하는 것도 중요하다. 이 원리를 바탕으로 교육 내용과 프로그램을 설계하고 실행해야 효과적인 안전 교육이 될 수 있다. 효과적인 교육을 위한 원리는 많을 수 있지만, 핵심적인 원리는 다음과 같다.

능동 학습: "아는 것과 실제로 해내는 것 간에는 간극이 있다." 능동 학습(active learning)이란, 교육 과정에 능동적으로 참여하면 교육의 효과가 더 촉진된다는 것을 의미한다. 여기서 능동이라는 말은, 교육

에 참여한 사람들이 연습, 문제 해결 방법 도출, 토론, 발표 등의 실질적인 활동을 하는 것을 말한다. 이것이, 많은 교육자들이 교육하면서 단지 읽거나 강의 내용을 듣는 것만 유도하지 않는 이유이다. 또한, 중요한 내용을 다른 사람과 이야기하고 중요한 개념을 활용하는 방법에 대해 연습하거나 실습을 해 보는 이유이다. 능동 학습의 개념은 안전 교육에서 더 적용될 필요가 있다. 위험성 평가를 어떻게 할 것인지, 현장에서 지적 확인을 할 때 어떻게 대화할 것인지에 대해 단순히 듣고 보는 것으로 교육을 마칠 수도 있지만, 더 나은 학습 방법은 능동적으로 연습해 보는 것이다. 무거운 물건을 들어 올릴 때 다리를 굽히지 않고 허리를 사용하는 것과 같은 나쁜 습관은 연습을 통해 쉽게 개선될 수 있다. 따라서 교육자는 충분히 연습할 기회를 제공해야 하며, 이러한 연습의 기회는 교육의 효과를 촉진한다. 따라서 안전 교육에는 서로 논의하고 실습해 볼 수 있는 시간을 포함하는 것이 필요하다.

분산 학습: 한 번에 전체 내용을 학습하는 것을 집중 학습(massed practice)이라고 하고, 내용을 단위별로 나누어 각 내용 사이에 시간 간격을 가지고 학습하는 것을 분산 학습(distributed practice)이라고 한다. 만약에 교육에서 배워야 하는 내용이 매우 조직적, 일관적, 상호 의존적이라면 한 번에 전체 내용을 교육하는 것이 효율적이지만, 쉽게 독립적인 부분으로 나눌 수 있다면, 각각을 분리된 단계로 진행하고, 이전 단계를 습득한 후에 다음 단계로 넘어가는 것이 더 효과적이다. 예를 들어 트레일러나 지게차 운전에 대한 교육이나 훈련을 한다고 하자. 하루는 클러치/가속 페달 사용법을 가르치고, 다음 날에는 화물 적

재 작업을 가르치고, 그 다음날에 작업 전 점검법을 가르치는 것이 좋을까? 아니다. 왜냐하면 운전을 위해서는 안전 점검, 클러치/가속 페달 사용, 적재 작업이 모두 유기적으로 연결되어 있기 때문이다. 따라서 이런 경우에는 분산 학습이 분명히 비효과적일 수 있다. 하지만 관련된 연구들에서는 분산 학습이 기술 학습과 장기 기억에 더 효과적이라고 보고하였다. 특히 복잡성이 낮은 과업에 대한 교육에 분산 학습이 더 효과적이었다. 그러나 현실적인 이유로 분산 학습을 위한 시간을 할애하기 어려울 수 있다. 그래서, 8시간 동안 계속해서 교육을 실시하면서 최대한 많은 내용을 담아내려 하는데, 이는 오히려 낮은 교육 효과로 이어질 수 있다. 따라서 가능하다면 분산 학습 방안으로 교육할 수 있도록 고민해 볼 필요가 있다.

의미 있는 내용: 만약 교육을 받는 사람들이 그 교육의 의미를 이해한다면, 교육에 더 적극적으로 임할 것이다. 따라서 조직은 교육 참가자들이 의미를 찾을 수 있는 요소들을 교육 내용에 포함해야 한다. 첫째, 교육이 어떤 도움을 줄 수 있는지를 알려주어야 한다. 실제 업무에 어떤 도움이 되는지 구체적인 예시나 기존 교육자들의 사례를 제시해주면, 참가자들은 교육에 더 몰입하게 된다. 그런 까닭에 교육을 통해 얻을 수 있는 목표와 과정을 잘 이해할 수 있도록, 개요를 먼저 제시해야 한다. 둘째, 이해하기 쉬운 개념과 용어, 예시를 사용해야 한다. 보통 외부 전문가가 교육할 때는 전문 용어를 사용하는 경우가 있지만, 이해되지 않는다면 집중하기 어려워지고 교육의 효과는 기대하기 어렵게 된다. 셋째, 논리적인 순서로 교육을 진행해야 한다. 예를 들어,

기술자들에게 코일 교체 교육을 할 때는 부품 분해, 오래된 코일 제거, 새로운 코일 삽입, 그리고 마지막 재조립의 순서로 훈련을 진행해야 한다. 나이와 상관없이, 교육의 내용이 논리적이지 않다면 교육생들에게 혼란을 일으킬 수 있고, 관련 내용을 받아들이기 어려울 수 있다.

초과 학습: "연습이 성공을 만든다"라는 말이 있다. 반복을 통해 교육/훈련이 완성된다는 의미이다. 초과 학습(overlearning)은 교육생이 충분히 높은 수준의 행동을 보이더라도 반복적인 연습을 통해 해당 행동을 완전히 숙달하는 과정이다. 초과 학습을 하는 것이 시간 낭비라고 생각될 수 있지만, 초과 연습을 통해 언제 어디서든 요구되는 행동을 빠르고, 쉽고, 일관되게 할 수 있다. 생과 사의 문제와 관련한 상황을 생각해 보자. 응급실 의사는 초과 학습 방식으로 교육되어야 한다. 왜냐하면 심각한 상황에서 당황하지 않고 수술을 하기 위해서는, 필요한 행동이 내재화되어 있어야 하기 때문이다. 따라서 작은 실수나 인적 오류가 큰 피해를 가져올 수 있는 작업의 경우에는 초과 학습이 필요하다.

피드백: 교육생들은 연습과 실습에 대해 적시에 유용한 피드백을 받는 것이 중요하다. 피드백은 교육 장면에서 세 가지 목적을 충족시켜 줄 수 있다. (1) 피드백은 교육 참가자들의 행동이 어떠한 방식으로 변화해야 하는지에 대한 정보를 제공한다, (2) 피드백은 교육 참가자들이 교육에 더욱 흥미를 느끼고 동기 부여되도록 돕는다, (3) 피드백은 수행을 향상하기 위한 목표의 설정에 도움이 된다. 피드백을 효과적으

로 전달하기 위한 중요한 세 가지 원칙은 다음과 같다. (1) 피드백은 연습/실습 이후에 즉각적으로 제공될 때 가장 효과적이다, (2) 구체적으로 어떤 행동을 바꾸어야 하는지를 알려주는 구체적인 피드백이 도움이 된다, (3) 잘한 부분에 대한 긍정적 피드백이 충분히 제공될 필요가 있다. 긍정적 피드백이 풍부한 환경이어야 잘못된 부분에 대한 교정적 피드백이 더 잘 수용된다.

이러한 안전 교육의 원리가 교육 계획과 실행 과정에 충분히 반영될 때 교육의 효과는 배가될 수 있다. 하지만 교육 참가자의 교육 준비도(readiness)도 매우 중요하다. 때로는 교육생이 억지로 교육에 참여하거나, 교육 중에 업무에 대한 연락이 계속 오거나, 피곤하거나 스트레스가 심한 경우, 그리고 기초적인 지식, 능력 혹은 경험이 없는 경우에는 교육의 효과가 나타나지 않을 수 있다. 최신의 교육 기법과 교육 원리를 반영하여 흥미로운 교육 프로그램을 개발한다 해도, 듣는 사람에게 작업 중 안전 수행을 향상하고자 하는 마음이 없다면 교육에 적극적으로 참여하지 않을 것이며, 교육의 효과는 나타나기 어렵다. 즉, 안전 교육의 원리가 교육에 반영되는 것도 중요하지만, 교육 자체에 참여하고자 하는 사람들의 마음을 지키기 위해 노력해야 한다.

참고 문헌

179회 SBS 스페셜 매력 DNA, 그들이 인기있는 이유. (2009). https://programs.sbs. co.kr/culture/sbsspecial/vod/4028/22000031633.

Adams, J. (1997). Cars, cholera and cows: virtual risk and the management of uncertainty. Science Progress, 80(3), 253-272.

Asch, S. E. (1952). Social Psychology. New York: PrenticeHall.

Asch, S. E. (1955). Opinions and social pressure. Scientific American, 193(5), 31-35.

Boyce, T. E., & Geller, E. S. (2000). A community-wide intervention to improve pedestrian safety: Guidelines for institutionalizing large-scale behavior change, Environment and Behavior, 32(4), 502-520.

Burleson, B. R. (1989). The constructivist approach to person-centered communication: Analysis of a research exemplar. Rethinking communication, 2, 29-46.

Burleson, B. R., & Caplan, S. E. (1998). Communication and personality: Trait perspectives. Cognitive complexity, 233-286.

Chhokar, J. S., & Wallin, J. A. (1984). A field study of the effect of feedback frequency on performance. Journal of applied psychology, 69(3), 524-530.

Cross, K. P. (1981). Adults as Learners. Increasing Participation and Facilitating Learning. San Francisco: The Jossey-Bass Classics.

Davis, D. (2011). The adult learner's companion: A guide for the adult college student. (Second Edition). Boston: Cengage Learning.

Fam, I. M., Kianfar, A. L. I., & Mahmoudi, S. (2010). Evaluation of relationship between job stress and unsafe acts with occupational accident rates in a vehicle manufacturing in Iran. International Journal of Occupational Hygiene, 2(2), 85-90.

Fellner, D. J., & Sulzer-Azaroff, B. (1984). Increasing industrial safety practices and conditions through posted feedback. Journal of Safety Research, 15, 7-21.

Garbarino, S., Guglielmi, O., Sanna, A., Mancardi, G. L., & Magnavita, N. (2016). Risk of occupational accidents in workers with obstructive sleep apnea: systematic review and meta-analysis. Sleep, 39(6), 1211-1218.

Geller, E. S (2000). The Psychology of Safety Handbook. Boca Raton: CRC Press.

Geller, E. S., Farris, J. C., & Post, D. S. (1973). PROMPTING A CONSUMER BEHAVIOR FOR POLLUTION CONTROL 1. Journal of Applied Behavior Analysis, 6(3), 367-376.

Geller, E. S., Perdue, S. R., & French, A. (2004). Behavior-based safety coaching: 10 guidelines for successful application. Professional Safety, 49(7), 42-49.

Grant, A. M. (2003). The impact of life coaching on goal attainment, metacognition and mental health. Social Behavior and Personality: An international journal, 31(3), 253-263.

Guastello, S. J. (1993). Do we really know how well our occupational accident prevention programs work?. Safety Science, 16, 445-463.

Hagge, M., McGee, H., Matthews, G., & Aberle, S. (2017). Behavior-based safety in a coal mine: The relationship between observations, participation, and injuries over a 14-year period. Journal of Organizational Behavior Management, 37(1), 107-118.

INSHPO(International Network of Safety and Health Practitioner Organizations). (2017). The Occupational Health and Safety Professional Capability Framework: A Global Framework for Practice. Park Ridge, IL: INSHPO.

Keller, A., Litzelman, K., Wisk, L. E., Maddox, T., Cheng, E. R., Creswell, P. D., & Witt, W. P. (2012). Does the perception that stress affects health matter? The association with health and mortality. Health Psychology, 31(5), 677-684.

Komaki, J. L. (1986). Toward effective supervision: An operant analysis and comparison of managers at work. Journal of Applied Psychology, 71(2), 270-279.

Komaki, J. L., Desselles, M. L., & Bowman, E. D. (1989). Definitely not a breeze: Extending an operant model of effective supervision to teams. Journal of Applied Psychology, 74(3), 522-529.

Lally, P., Van Jaarsveld, C. H., Potts, H. W., & Wardle, J. (2010). How are habits formed: Modelling habit formation in the real world. European Journal of Social Psychology, 40(6), 998-1009.

Martin, R. (1992). Relational cognition complexity and relational communication in personal relationships. Communications Monographs, 59(2), 150-163.

McCarty, A. M., & Christ, T. J. (2010). Test Review: Beaver, JM, & Carter, MA (2006)." The Developmental Reading Assessment--"(DRA2). Upper Saddle River, NJ--

Pearson. Assessment for Effective Intervention, 35(3), 182-185.

McCroskey, J. C., Daly, J. A., Beatty, M. J., & Martin, M. M. (Eds.). (1998). Communication and personality: Trait perspectives. New Jersey: Hampton Press.

Milgram, S. (1963). Behavioral study of obedience. The Journal of Abnormal and Social Psychology, 67(4), 371-378.

Milgram, S. (1974). Obedience to authority. New York: Harper & Row.

Murphy, L. R., DuBois, D., & Hurrell, J. J. (1986). Accident reduction through stress management. Journal of Business and Psychology, 1(1), 5-18.

Myers, W. V., McSween, T. E., Medina, R. E., Rost, K., & Alvero, A. M. (2010). The implementation and maintenance of a behavioral safety process in a petroleum refinery. Journal of Organizational Behavior Management, 30(4), 285-307.

Parker, D., Lawrie, M. and Hudson, P. (2006). A framework for understanding the development of organisational safety culture. Safety Science, 44, 551-562.

Peltzman, S. (1975). The effects of automobile safety regulation. Journal of Political Economy, 83(4), 677-725.

Petersen, D. (2004). Leadership & safety excellence: A positive culture drives performance. Professional Safety, 49(10), 28-37.

Rovertson, L. (1976). The great seat belt campaign flop, Journal of Communication, 26, 41.

Rozin, P., & Royzman, E. B. (2001). Negativity bias, negativity dominance, and contagion. Personality and Social Psychology Review, 5(4), 296-320.

SEVEN STEP OJT TRAINING MODEL [Website]. (n.d.). https://www.oshatrain.org/courses/pages/703ojt.html.

Sulzer-Azaroff, B. (1982). Handbook of Organizational Behavior Management. New York: John Wiley & Sons, Inc.

Sypher, B. D., & Zorn Jr, T. E. (1986). Communication-related abilities and upward mobility: A longitudinal investigation. Human Communication Research, 12(3), 420-431.

Ulfberg, J., Carter, N., & Edling, C. (2000). Sleep-disordered breathing and occupational accidents. Scandinavian journal of work, environment & health, 237-242.

Wexley, K. N., & Latham, G. P. (2002). Developing and training human resources in organizations. (Third Edition). Toronto: Person.

Wiegmann, D. A., Zhang, H., von Thaden, T., Sharma, G., & Mitchell, A. (2002). A synthesis of safety culture and safety climate research. Urbana-Champaign (Ill): Aviation research lab institute of aviation.

Zohar, D. (2002). Modifying supervisory practices to improve subunit safety: A leadership-based Intervention model. Journal of Applied Psychology, 87(1), 156-163.

건강엔 잠이 보약인 6가지 이유[웹사이트]. (2016). http://samsunghospital.com/home/healthInfo/refer/healthView.do?HEALTH_TYPE=020004&HEALTH_ID=HT613.

장세진 등(2005). 한국인 직무 스트레스 측정도구의 개발 및 표준화, 대한산업의학회지, 17(4), 297-317.

한국산업안전보건공단. (2017). 안전 넛지, 스스로 생명을 지키다. 안전보건, 29(1), 11.

안전이 묻고
심리학이 답하다

ⓒ 문광수 · 이종현, 2022

초판 1쇄 발행 2022년 4월 30일
    4쇄 발행 2025년 1월 20일

지은이   문광수 · 이종현
펴낸이   이기봉
편집   좋은땅 편집팀
펴낸곳   도서출판 좋은땅
주소   서울특별시 마포구 양화로12길 26 지월드빌딩 (서교동 395-7)
전화   02)374-8616~7
팩스   02)374-8614
이메일   gworldbook@naver.com
홈페이지   www.g-world.co.kr

ISBN   979-11-388-0888-0 (03300)